Omraam Mikhaël Aïvanhov

Auf dem Weg zur Sonnenkultur

Reihe Izvor – Band 201

PROSVETA VERLAG

INHALT

Da Omraam Mikhaël Aïvanhov seine
Lehre ausschließlich mündlich überlieferte,
wurden seine Bücher aus stenografischen
Mitschriften, Tonband- und Videoaufnahmen
seiner frei gehaltenen Vorträge erstellt.

I

DIE SONNE, BEGRÜNDERIN DER KULTUR

Wenn die Sonne aufgeht, verbreitet sie ihr Licht, ihre Wärme und ihr Leben. Gerade dieses Licht, diese Wärme, dieses Leben drängt die Menschen zum Aufstehen, um ihre Arbeit zu beginnen. Manche gehen ins Büro, in die Fabrik oder aufs Feld, andere öffnen ihre Läden. Die Kinder gehen in die Schule. Die Straßen füllen sich mit Lärm, Fußgängern und Autos. Abends, wenn die Sonne untergeht, werden die Läden wieder geschlossen, die Leute verlassen ihren Arbeitsplatz, jeder geht nach Hause... und dann zu Bett! Die Sonne bestimmt den Lebensrhythmus der Menschen und ist die Begründerin von Ackerbau und Zivilisation.

Auf die Frage, wer den Menschen als Erster das Schreiben, die Kultivierung des Bodens, den Umgang mit Feuer oder gewissen Werkzeugen gelehrt hat, nennt man den einen oder anderen, aber in Wirklichkeit ist die Sonne der Ursprung aller Entdeckungen. Ihr meint, das sei unmöglich, die Sonne besäße keinen Verstand, kein Gehirn zum Denken, keinen Mund zum Sprechen? Also eurer Ansicht nach sind nur die unwissenden

Menschen intelligent, und diejenige, die das Leben auf Erden überhaupt möglich macht, hat keinen Verstand!

Gerade die Sonne war es, die den Menschen als erste die Wissenschaft brachte. Wie? Das ist ganz leicht zu verstehen. In ihrem Licht können wir die Gegenstände, die Formen, die Reliefs, die Farben, die Entfernungen erkennen. Dank des Lichts können wir uns zurechtfinden, Dinge beobachten, vergleichen, berechnen. Ohne das Licht gäbe es keine einzige Wissenschaft, denn was könnte man schon in der Finsternis erkennen? Nichts.

Wenn ich jetzt frage, wer die Religionen eingeführt hat, werden manche, die sich für große Philosophen halten, antworten, es sei die Furcht, die Angst der Menschen vor den Naturkräften gewesen. Nein, diese Ansicht ist sehr begrenzt. Es war die Sonne. Sie hat mit ihrer Wärme im Menschen das Verlangen nach Entzücken, Liebe und Anbetung erweckt. In der Kälte kann keine Liebe entstehen, aber sowie jemand ein wenig erwärmt wird, entfaltet er sich, fühlt sich wohl und fängt an zu lieben. Seht ihr, die Religion ist auf Grund der Wärme entstanden. Anfangs mag es vielleicht nur die Zuneigung zu einem Mann, einer Frau oder sogar zu einem Tier: einem Hund, einer Katze oder einem Kanarienvogel sein... ganz gleich, es ist ein Anfang. Eines Tages wird diese Liebe wachsen und bis zum Herrn des Universums, zum Schöpfer, aufsteigen.

Schließlich war es auch die Sonne, die die Menschen in die Kunst eingeweiht hat, weil sie das Leben bringt. Sobald ein Wesen lebendig ist, will es sich bewegen, will handeln, sich äußern und schon entstehen Tanz, Gesang, Malerei, Bildhauerei. Die Kunst beginnt mit dem Leben. Schaut euch die Kinder an: Sie laufen herum, kreischen und kritzeln. Ihr Geschrei ist der Anfang der Musik, ihre Kritzelei ist der Anfang der Malerei, ihre kleinen Sandkuchen sind der Ursprung der Bildhauerei, ihre kleinen Höhlen sind die ersten Versuche der Architektur und aus ihrem Gelaufe wird später der Tanz. Ja, die Kunst beginnt mit dem Leben, und das Leben kommt von der Sonne.

Wie könnte ein Künstler etwas schaffen, wenn die Welt in Dunkelheit gehüllt wäre? Woran könnte er Modell nehmen? Wer würde ihm die Bewegungen, Formen und Farben eingeben? Ich sage den Malern: »Ihr schafft Gemälde, aber wer hat euch die Farben gegeben? Habt ihr sie selbst hergestellt? Nein. Durch die Mineral- oder Pflanzenextrakte hat die Sonne euch die Farben geschenkt. Habt ihr schon einmal darüber nachgedacht?« Die Maler danken der Sonne nie für die Farbenpracht, und man findet auch nur sehr selten eine Sonnenabbildung in ihren Werken.

Die Sonne bringt Licht, Wärme und Leben, deshalb ist sie die Begründerin der Wissenschaft, Religion und Kunst.[1] Trotzdem wird sie aber von den Menschen als letzte geliebt und respektiert.

Nun denn, ich bin der Anwalt der Sonne und verlange ihre alten Rechte! Ich bin empört über das Verhalten, das man ihr gegenüber zeigt: Den Betrügern errichtet man Denkmäler, aber der Sonne nie! Und dabei ist sie doch der Urquell, die Ursache aller Dinge! Die Erde und die anderen Planeten sind aus ihr entsprungen, sie hat sie gezeugt. Deshalb enthält die Erde die gleichen Elemente wie die Sonne, nur sind sie hier in festem Zustand kondensiert. Die Mineralien, die Metalle, die Edelsteine, die Pflanzen, die Gase, die feinen oder groben Körper, die sich im Boden, im Wasser, in der Luft oder in dem Ätherbereich befinden, stammen aus der Sonne: Zum Beispiel ist das Gold, das so sehr geschätzt wird, und für das die Menschen sogar Verbrechen begehen... ein Produkt der Sonne. Genau wie es auf der Erde Fabriken gibt, die alle möglichen Waren und Gegenstände herstellen, so gibt es auch unter der Erde Fabriken, in denen Millionen Wesen arbeiten und durch die Kondensierung des Sonnenlichts Gold produzieren.

Ihr fragt: »Wie kann Gold kondensiertes Sonnenlicht sein?« Nehmen wir zur Verdeutlichung das Beispiel eines Baumes. Die Bäume, und hauptsächlich bestimmte Arten, wie Kiefern, Tannen, Eichen, Nussbäume haben eine äußerst harte und feste Beschaffenheit und werden deswegen gern als Baumaterial für Häuser, Boote usw. verwendet. Der Baum wächst aus der Erde heraus und wird demzufolge als ihre Schöpfung betrachtet. Nun denn, das stimmt nicht: Er besteht aus dem Licht der Sonne. Nehmt einen Baum, so groß er auch sein mag, und verbrennt ihn –, was geschieht? Eine Unmenge von Flammen lodert auf, Gase verbreiten sich, etwas Wasserdampf steigt auf, und am Ende bleibt ein kleines Häufchen Asche, und das ist die Erde.

Der Baum besteht aus Erde, Wasser, Luft und Feuer, aber gerade das Feuer, die Sonnenstrahlen, bilden den größten Teil. Folglich ist er nicht Erde, sondern kondensiertes Sonnenlicht.[2] Wenn ihr Wälder besucht, solche, wie ich in Indien, Ceylon, den USA, Kanada oder in Schweden gesehen habe, könnt ihr übrigens feststellen, dass die Bäume, die viele Milliarden Tonnen wiegen, den Boden nicht eindrücken. Hätten sie ihre Aufbaustoffe aus der Erde geholt, hätte der Erdboden um viele, ja, hunderte von Metern einsinken müssen. Dies beweist wiederum, dass der Baum kondensiertes Sonnenlicht ist. Wenn es der Pflanzenwelt gelingt, die Sonnenstrahlen aufzufangen und sie zu materialisieren, warum sollten dann nicht auch bestimmte Wesen, die unter der Erde arbeiten, das Gleiche tun, um Gold herzustellen? Ja, hier gibt es reichlich zu überlegen.

Eines Tages lernte ich einen leidenschaftlichen Goldgräber kennen. Er hatte sich alle möglichen Bücher, sowohl über verborgene Schätze als auch über Zauberübungen besorgt, die zu deren Entdeckung verhelfen sollten. Ich ließ ihn eine Weile handeln, ohne dass ich mich einmischte. Er fand natürlich nichts. Dann fragte ich ihn: »Warum blinzeln sie dem Zimmermädchen zu, anstatt die Freundschaft der Schlossherrin zu gewinnen?« Da erwiderte er entrüstet: »Ich? Ich bin verheiratet und liebäugle mit niemand!« – »Ja, ich weiß, Sie sind verheiratet und sind ein treuer Ehemann, aber trotzdem merke ich, dass Sie mit dem Stubenmädchen flirten.«

Als er immer noch nicht verstand, erklärte ich ihm: »Sie suchen Gold, aber das Gold entspricht nur dem Zimmermädchen. Die Schlossherrin ist das Sonnenlicht, dessen Kondensation im Erdinneren Gold ergibt. Wenn jedoch die Hausherrin merkt, dass Sie nur hinter der Magd her sind, anstatt ihr Wohlwollen, ihr Lächeln, ihre Blicke zu gewinnen, ist sie beleidigt und verschließt Ihnen die Türen. Von nun an sollten Sie sich direkt an die Herrin, an die Sonnenstrahlen wenden und versuchen, sie zu lieben, zu verstehen und ihre guten Wirkungen anzuziehen. Dann wird früher oder später auch das Gold auf Sie zukommen. Warum wenden Sie sich nicht an die höchste Stelle? Wer den König zum Freund hat, wird auch von dessen Untertanen geschätzt. Wer jedoch nur mit dem Hauswart befreundet ist, der bleibt in dessen Kreisen und den anderen unbekannt.« Er war ganz bestürzt und sagte: »Das leuchtet mir ein.« Aber ich glaubte ihm nicht ganz, denn er schielte weiterhin nach dem Hausmädchen.

Nicht nur Gold ist eine Kondensierung des Sonnenlichts, sondern auch Kohle, Öl, Holz und sämtliche anderen Stoffe, aus denen alles Mögliche hergestellt wird. Sämtliche Industrieprodukte und sogar die Kleidung, die wir tragen, sind von der Sonne geschaffen worden. Die ganze Wirtschaft beruht auf den Hervorbringungen der Sonne, aber sie selbst wird dabei vergessen. Man vernachlässigt den Herrn und rennt hinter einigen Rinden, Schalen und Schlacken seiner Schöpfung her. Folglich stimmt in der menschlichen Einstellung etwas nicht, und gerade darin liegt die Ursache des größten Unheils; denn wer das Wesentliche für das Nebensächliche, das Zentrum für den Umkreis aufgibt, der muss sich unweigerlich den Hals brechen, und gerade das passiert den Menschen. Deshalb müssen sie jetzt dem Urquell aller Dinge, der Sonne, wieder den ersten Platz einräumen.[3] Dann wird sich die Situation zuallererst in ihrem eigenen Verstand klären und anschließend auch in der Gesellschaft, wo dann bald alles wieder besser läuft. Ihr fragt: »Wie kann unsere Einstellung zur Sonne derartige Folgen haben? Dies ist doch nur eine Kleinigkeit.« Ja, scheinbar ist dies nur eine Nebensache, aber auf die Dauer hat die Umwälzung der wahren Werte in allen Lebensbereichen außerordentlich schwere und komplizierte Folgen mit sich gebracht.

Wir brauchen nur ein wenig nachzudenken, um zu begreifen, dass die Sonne Ursprung aller auf unserer Erde existierenden Dinge ist. Bittet sie, euch zu erklären, wie sie meditiert und gearbeitet hat, um den Menschen die Lebensbedingungen, günstige Atmosphären, Temperaturen, usw. zu schaffen, wie sie das Licht und die Wärme dosiert hat, damit das Leben auftritt. Zuerst gab es die Pflanzenwelt, dann erschienen die Fische, Vögel, Säugetiere und schließlich der Mensch. Die Sonne hat alles für die Entfaltung einer Kultur und Zivilisation vorbereitet. Die Sonne war auch der erste Landwirt, denn von ihr hängt die Verbreitung der Pflanzenwelt ab, ebenso deren Wachstum und Gedeihen. Sie bestimmt über Elend und Reichtum, über Hungersnot und Überfluss.

Als ich 1937 in Frankreich ankam, sagte ich, dass die Menschen in Zukunft weder Holz, noch Kohle, noch Öl, sondern nur noch die Sonnenstrahlen als Energiequelle verwenden werden. Zu der Zeit glaubte man mir natürlich nicht, aber jetzt gibt man mir so langsam Recht, denn jeder sieht nun ein, dass die heute verwendeten Energievorräte bald erschöpft sein werden, und man sich feinstofflicheren Treibstoffen zuwenden muss, die unerschöpflich sind. In Zukunft wird man mit Sonnenenergie beleuchten, heizen, reisen, wird sich sogar vom Sonnenlicht ernähren.

Ohne das Leben der Sonne hätten die Menschen nie existieren, handeln und arbeiten können. Ohne ihre Wärme hätten sie nie Gefühle empfinden können, ohne ihr Licht hätten sie nie sehen können, und nicht nur sehen, sondern auch verstehen, denn das Verständnis ist nichts anderes als eine höhere Sicht im intellektuellen Bereich. Die Wärme hat alles erweckt, was den Herzen nahe liegt: Kontakte, Austausch, Liebe, Freundschaft. In ihr liegt der Ursprung der Ehe, der Familie, der Gesellschaft und aller anderen Formen von Gemeinschaften. Wer kaltherzig ist, wird von den anderen nicht geliebt, er wird eher umgangen. Ist er jedoch warmherzig, dann gehen alle zu ihm, wollen sich bei ihm wärmen und sind ihm für seine Wärme dankbar. Die Wärme bringt die Wesen einander näher und verleiht ihnen die Fähigkeit zu empfinden, gerührt und entzückt zu sein und zu beten... Folglich ist die Sonnenwärme der Urquell von Moral und Religion.

Über solche Äußerungen würden die Christen natürlich empört sein, denn sie messen der Sonne keine Wichtigkeit bei; für sie ist die Messe das Wesentliche. Nun frage ich sie aber: »Wie wollt ihr denn ohne Sonne eure Messe abhalten? Wer könnte in der Finsternis und in der Kälte eine Predigt halten? Wo würde man Wein und Hostien für das Abendmahl hernehmen?« Ich will den Wert der Messe nicht herabsetzen, ich kann euch sogar offen gestehen, dass ich diesbezüglich viel mehr weiß, als die meisten Priester. Sie haben gelernt die Messe zu lesen, wissen aber nichts über ihren tiefen, magischen Sinn. Ich kenne ihn jedoch und habe deshalb vor der Messe einen viel tieferen Respekt als die Christen selbst. Trotzdem wiederhole ich meine Frage: »Ohne die Sonne, wer würde da die Messe lesen? Und wer würde daran teilnehmen?« Ihr seht, dass sie nicht überlegen.

Wenn ich euch jetzt sage, dass das Sonnenlicht durch seine Arbeit an unserem physischen Körper unsere Augen gebildet hat, dann glaubt ihr mir auch wieder nicht. Trotzdem ist es die Wahrheit. Die Sonne hat unsere Augen geschaffen. Warum? Um gesehen zu werden. Mit ihrer Wärme hat sie an unserem Körper gewirkt, um die Gefühlsorgane zu bilden: das Herz, den Mund und vor allem die Haut, den Tastsinn. Die Lichtempfindlichkeit wollte sie auf die Augen beschränken, wohingegen die Wärme von der ganzen Körperoberfläche gespürt werden sollte. Seht ihr den Unterschied? Ist das nicht interessant?

Die Sonne regiert alles im Universum; sie gleicht einem Kapellmeister, einem König auf seinem Thron. Wenn sie eine Entscheidung trifft, gibt sie nur ein Signal und schon beeilen sich alle Geister, die sie auf die Erde und auf andere Planeten geschickt hat, ihre Befehle auszuführen: Sie ändern etwas in der Atmosphäre, in den elektromagnetischen Strömungen, was alle möglichen Veränderungen hervorruft im Bereich der Pflanzen- und Tierwelt, bei den Menschen, im Biologischen, Psychologischen, in der Wirtschaft und Gesellschaft. Jedes Erdengeschehnis geht von der Sonne aus; die Sonnenausbrüche oder

-flecken sind nichts anderes als Signale für eine ganze Hierarchie von Intelligenzen, die die Aufgabe haben, ihre Befehle auszuführen.

Eines Tages wird die Wissenschaft meine Ideen akzeptieren, das kann sie keinesfalls umgehen. Deshalb empfehle ich heute den Wissenschaftlern: »Lasst eure Forschungsarbeiten in den Laboratorien beiseite und befasst euch mit der Sonne. In der Sonne befindet sich alles: Gesundheit, Reichtum und das Glück der gesamten Menschheit.« Jetzt wendet ihr ein, dass manche Astronomen und Physiker sich mit der Sonne befassen. – Ja, ich weiß, über die Forschungsarbeiten der Wissenschaftler in den verschiedenen Ländern und hauptsächlich in den USA und Russland bin ich informiert. Wenn ich ihnen jedoch vorwerfe, dass sie sich nicht um die Sonne kümmern, dann meine ich damit, dass sie das Sonnenlicht noch nicht richtig studiert haben und vor allem nicht erkannt haben, wie der Mensch damit arbeiten kann, um sich zu reinigen, zu stärken und zu regenerieren. Denn die Sonnenstrahlen, die in die Tiefe des Ozeans vordringen (Fische, die besonders lichtempfänglich sind, können es aufnehmen und dann selbst ausstrahlen) können auch uns durchfluten, und wenn wir aufnahmefähig sind, können sie gewisse Zentren in uns anregen, bestimmte Lämpchen anzünden, die ewig schon in uns verborgen sind.[4] Ich sage euch auf jeden Fall, die Sonnenstrahlen entsprechen kleinen mit Proviant beladenen Waggons,

d. h. sie enthalten Elemente und Energieströme, aus denen der Mensch für seine körperliche und geistige Entfaltung nach Belieben schöpfen kann. Alles, was der Mensch braucht, ist in der Sonne enthalten. – Seht ihr, dies ist ein unermesslicher Forschungsbereich...

Anmerkungen

1. Siehe Band 223 der Reihe Izvor »Geistiges und künstlerisches Schaffen«, Kapitel 1: »Kunst, Wissenschaft und Religion«.
2. Siehe Band 232 der Reihe Izvor »Feuer und Wasser – Wunderkräfte der Natur«, Kapitel 16: »Der Zauberspiegel«.
3. Siehe Band 241 der Reihe Izvor »Der Stein der Weisen«, Kapitel 14: »Das Gold des wahren Wissens: Alchimist und Goldsucher«.
4. Siehe Band 217 der Reihe Izvor »Ein neues Licht auf das Evangelium«, Kapitel 9: »Das Gleichnis von den fünf törichten und von den fünf klugen Jungfrauen«.

II

SURYA-YOGA

I

Gegenwärtig ist viel von Yoga die Rede. Ich habe auch schon einiges darüber erwähnt und habe die verschiedenen Yoga-Arten, die hauptsächlich aus Indien und Tibet, aber auch aus China und Japan stammen, dargelegt. Jede Religion hat ihre Yogalehre, selbst das Christentum. Die Christen haben seit jeher Gebet, Kontemplation, Selbsthingabe und Gottesliebe geübt. Das ist der vorherrschende Aspekt der christlichen Religion. In Indien nennt man dies Bhakti-Yoga, Yoga der Hingabe an das Göttliche, die Praxis der Anbetung, der geistigen Liebe; dieser Yoga entspricht allerdings nur bestimmten Naturen. Denen, die anders veranlagt sind, müssen andere Äußerungsmöglichkeiten geboten werden. Die Wege, die zum Schöpfer führen, sind zahlreich. Die Christen haben sich auf einen einzigen Pfad beschränkt, der im Übrigen vortrefflich ist und nicht kritisiert werden darf. Aber die Hindus sind reicher und bieten noch viele andere Methoden.

Jnani-Yoga, der Yoga der Erkenntnis, eignet sich für den, der für Geistesarbeit und Überlegung geschaffen ist. Er findet auf dem Wege der Vernunft zu Gott.

Andere fühlen sich weder von Mystik noch von Philosophie angezogen, haben aber einen starken Willen und möchten sich aufopfern, ihre Kräfte einsetzen, arbeiten und dienen. Für sie ist Karma-Yoga das Geeignete, der Yoga des Wirkens und Handelns, der Erfüllung von Aufgaben, ohne auf Entgelt oder Belohnung zu warten. Der Karma-Yoga ist der Yoga der unentgeltlichen, uneigennützigen Tat.

Für solche, die sich meistern, die ihre niederen Triebe und Neigungen zügeln wollen, gibt es den Raja-Yoga: Durch Konzentration und Selbstbeherrschung gelangen auch sie zu Gott, vereinen sich mit Ihm und werden »Könige« (denn »Raja« bedeutet König) ihres eigenen Reichs.

Kriya-Yoga ist der Yoga des Lichts: Es ist eine wundervolle Tätigkeit, sein Denken auf das Licht zu richten, dessen Geheimnis zu erfassen, sich in Farben zu hüllen, diese in sein eigenes Wesen aufzunehmen und auf die Umwelt auszustrahlen.

Der Hatha-Yoga ist für jene gedacht, die sich zu Körper-Übungen hingezogen fühlen, alle möglichen Stellungen einnehmen mögen (»Asanas«, wie man sie nennt): sich biegen, drehen, zusammenrollen, ein Bein hinter den Kopf legen... usw. Diese Übungen erfordern einen zähen Willen und

Ausdauer, sie gründen auf der genauen Kenntnis der Zentren, welche durch die entsprechenden Körperhaltungen angeregt werden. Hatha-Yoga ist der im Westen meist verbreitete Yoga, aber die armen Abendländer weisen nicht dieselbe psychische und körperliche Struktur auf wie die Orientalen, noch verfügen sie über die Ruhe und Stille, die zur Durchführung der Übungen erforderlich ist, weshalb sie letzten Endes körperlichen und seelischen Schaden davontragen. Wie vielen Menschen bin ich begegnet, die mir gestanden, sie hätten Hatha-Yoga aufgegeben, weil sie spürten, dass sie davon aus dem Gleichgewicht gerieten. Man muss sehr vorsichtig sein. Diesen Yoga habe ich für den Westen nie empfohlen.

Agni-Yoga ist der Yoga des Feuers: Man konzentriert sich auf das Feuer, bringt es inwendig zum Aufflammen und arbeitet mit ihm. Da das Feuer der Urquell der Schöpfung ist, führt auch der Agni-Yoga zum Schöpfer.

Shabda-Yoga ist der Yoga des Wortes, er beruht auf dem Sprechen von Formeln oder Mantras zu bestimmten Zeiten und in unterschiedlicher Lautstärke. Wer die Macht des Wortes anzuwenden weiß, kann großartige Resultate erzielen.

Nun möchte ich euch einen Yoga nennen, der alle anderen weit übertrifft: den Yoga der Sonne. In vergangenen Zeiten wurde er von vielen Völkern ausgeübt. Heute ist er vor allem im Westen in Vergessenheit geraten. Auf Sanskrit heißt die

Sonne »Surya« – darum geben wir diesem Yoga den Namen »Surya-Yoga«. Ihn mag ich am liebsten, denn er umfasst alle anderen Yoga-Lehren*. Ja, warum sollte man nicht sämtliche Yogas in einem einzigen vereinen?

Der Schüler der Universellen Weißen Bruderschaft darf kein einseitig begrenztes Wesen bleiben, sondern muss sich in jedem Bereich entfalten. In seinem Handeln sollte er vollkommen uneigennützig sein – damit übt er Karma-Yoga. Wenn er sich in Liebe und Ehrfurcht zu Gott wendet, ist das Bhakti-Yoga. Er sollte durch Meditation und Konzentration die Herrschaft über alle seine Körperzellen gewinnen – das ist Raja-Yoga. Wenn er meditiert oder die Bewegungen unserer Gymnastik oder der Paneurhythmie durchführt, ist das, wenn ihr wollt, Hatha-Yoga. Wenn er Lichtstrahlen und Farben aussendet, sich in eine leuchtende Aura hüllt, ist dies Kriya-Yoga. Konzentriert er sich auf das Feuer, damit es in ihm alles Unreine verbrennt, ist dies Agni-Yoga. Er sollte ständig seine Worte überwachen, um nichts Negatives auszusprechen, was den Menschen Zweifel und Verzagtheit einflößen könnte und immer darauf bedacht sein, Schöpfer des neuen Lebens zu werden – dies ist Shabda-Yoga. Wenn sich der Schüler schließlich

* Zusammenfassend kann man sagen, dass Surya-Yoga eine Zusammenstellung von geistigen Übungen ist, die z. B. morgens beim Sonnenaufgang ausgeführt werden können. Der günstigste Zeitraum dafür ist von Frühlingsanfang bis Sommerende.

auf die Sonne konzentriert, sich liebend nach ihr sehnt und sie als Stellvertreter Gottes, als Offenbarung Christi, als eine offene Tür betrachtet, dann übt er damit den Surya-Yoga. Hiermit vernachlässigt er keinesfalls die anderen Yogas, sondern entfaltet sich vielmehr zu einem allseitig entwickelten Menschen und lebt in Fülle.

Ich zeige euch das neue Vorbild der Menschheit, so wie es in der Universellen Weißen Bruderschaft heranreift: ein Wesen, das sich die Entfaltung sämtlicher edlen Eigenschaften und Tugenden zum Ziel gesetzt hat. Denn im Surya-Yoga finden sich sowohl Anbetung, Weisheit, Kraft und Reinheit, als auch Tätigkeit, Hingabe, Licht und das heilige Feuer der göttlichen Liebe. Deshalb solltet ihr unbedingt wissen, wie segensreich es für euch ist, jeden Morgen dem Sonnenaufgang beizuwohnen.

Wer Surya-Yoga übt, steht mit der Kraft in Verbindung, die sämtliche Planeten des Sonnensystems lenkt und belebt – mit der Sonne. Dies bringt unweigerlich Ergebnisse. Darum kann ich mit Sicherheit voraussagen, dass die Yoga-Lehren, die in der Vergangenheit hohes Ansehen hatten – und zum Teil auch heute noch wirksame Hilfen bedeuten – dem Surya-Yoga weichen müssen, der alle weit übertrifft. Denn durch die Sonne hindurch arbeitet man mit Gott selbst. Ich kann euch sogar eines sagen: Kein Mensch vermochte mich zu lehren, was die Sonne mir offenbarte, denn kein Buch vermittelt das Wissen, das die Sonne schenkt, wenn man das richtige Verhalten ihr gegenüber erlernt.

Bislang ist euch eine wahre Verbindung zur Sonne noch nicht gelungen, sie bescheint euch zwar, aber ihr habt kein inneres Verhältnis zu ihr. Ihr begnügt euch mit dem Anblick, stellt fest, dass sie heute ein bisschen mehr glänzt als gestern oder leicht verschleiert ist. Aber auf diese Weise könnt ihr keinen echten Kontakt zu ihr herstellen. Ihr müsst das bewusste Anschauen erlernen, damit eine tiefe Verbindung entsteht. In dem Moment bildet sich ein Strömungsfeld, das Formen, Farben, eine neue Welt erschafft. Ihr zieht Energieströme, verständnisvolle Wesenheiten an, die in dieser Pracht, in diesem Dialog, in dieser Unterhaltung zwischen der Sonne und euch schweben und tanzen...

Gewiss, dies ist gar nicht so einfach. Wer den ganzen Segen der Sonne erhalten will, muss sich erst einmal vorbereiten. – Was heißt das, »vorbereiten«? Nun denn, nehmen wir einmal an, ihr wollt beim Sonnenaufgang meditieren, aber gestern oder vorgestern seid ihr in Leidenschaften, Streitereien usw. geraten. Dies ist natürlich kein aufnahmefähiger Zustand. Statt Andacht tauchen Erinnerungen an die chaotischen Erlebnisse wieder auf, und obgleich die Sonne da ist, euch bescheint, fühlt ihr sie nicht.

Folglich sollt ihr euch schon am Vortag auf den Sonnenaufgang einstellen: nicht zu viel essen, nicht zu spät ins Bett gehen, nichts unternehmen, was euch am nächsten Tag Sorgen bereiten und beunruhigen könnte, sondern alles so gestalten, dass ihr frei, bei klarem Verstand und mit friedvollem Herzen seid, ohne Bedenken, Bereuen oder wiedergutzumachenden Schulden. Dies ist äußerst wichtig. In diesem Frieden könnt ihr dann langsam und sachte mit der Meditation beginnen, ohne sofortige starke Konzentration auf die Sonne. Zuerst wendet ihr einen Blick nach innen und prüft, in welchem Zustand eure »Bewohner« sind. Wenn unter ihnen Lärm und Durcheinander herrschen, solltet ihr sie beruhigen und Ausgeglichenheit schaffen. Denn erst nachdem ihr euch gelöst habt, Harmonie und Frieden in euch hergestellt habt, könnt ihr euch der Sonne zuwenden und sie als eine herrliche Welt betrachten, die mit den vollkommensten, lichterfülltesten Kreaturen bevölkert ist, welche im göttlichen Geist, in absoluter Liebe und Reinheit leben. Ihr denkt daran, dass dort oben eine Ordnung, eine Kultur, eine Zivilisation herrscht, die jegliche Vorstellungskraft übertrifft.

Und wenn ich euch übrigens verrate, dass ihr bereits in der Sonne wohnt, ohne euch dessen bewusst zu sein? Ihr fühlt es nicht, dennoch ist ein winziger Teil von euch, ein sehr, sehr feinstoffliches Element schon jetzt in der Sonne. Die Wissenschaft hat den Menschen noch nicht bis auf den Grund erforscht; sie weiß nicht, wie unendlich reichhaltig, umfassend und tiefgründig er seinem Wesen nach ist. Was vom Menschen sichtbar ist, sein physischer Körper, ist noch lange nicht der ganze Mensch. Er besitzt noch mehrere andere Körper (Astral-, Mental-, Kausal-, Buddhi-, Atmankörper), einer feinstofflicher als der andere.[1]

Für die Erde gilt das Gleiche: Sie ist mehr als das, was man von ihr sieht; um sie herum liegt eine Lufthülle, die sich kilometerweit erstreckt, und die von der Wissenschaft in mehrere Schichten aufgeteilt und jede mit einem Namen versehen wurde. Aber die Wissenschaft weiß nicht, dass diese Schichten von unzähligen Elementen und Wesenheiten bewohnt werden, und dass die Erde über die Atmosphäre hinaus noch einen unsichtbaren Ätherleib besitzt, der bis zur Sonne reicht, die Sonne berührt... so dass der Ätherleib der Erde in den Ätherleib der Sonne übergeht. Denn auch die Sonne hat einen Ätherleib, der sich über ihre eigene Sphäre hinaus zur Erde und noch weiter bis zu den anderen Planeten ausdehnt. So kommt es, dass Sonne und Erde einander berühren und vereint sind.

Da nun der Mensch nach dem Bild des Universums geschaffen ist, umgibt auch ihn eine Hülle, die bis zur Sonne reicht. So erklärt es sich, dass der Mensch mit seinem höheren, lichtverklärten, göttlichen Ich in ihr weilt, obgleich er sich dessen nicht bewusst ist, denn sein Verstehen beschränkt sich auf die grobstoffliche Sinnesebene.

Was ich da sage, erscheint euch unglaublich, dennoch sind es Wahrheiten, die man kennen und vertiefen sollte. Sowie der Mensch in der göttlichen Schule der Universellen Weißen Bruderschaft Wissen und Erfahrung sammelt, steigt er nach und nach von der begrenzten Ebene des grobsinnlich-irdischen Bewusstseins in das Überbewusstsein auf. Diese höhere Bewusstseinslage ist unermesslich und besitzt Tausende von Stufen, die der Mensch zu erklimmen hat, bis er fühlt, dass er bereits in der Sonne wohnt, in ihr existiert.

Dieser in der Sonne beheimatete Teil unseres Selbst ist unser höheres Ich. Es wohnt nicht in unserem Körper, sonst würde es darin Wunder vollbringen; es tritt nur ab und zu mit unserem Gehirn in Verbindung. Da das Gehirn aber noch nicht ausreichend entwickelt ist, um die Schwingungen des höheren Ichs zu ertragen und sich auf dessen Wellenlänge einzustellen, kann es sich nicht äußern. Es arbeitet an der Gehirnmasse und verfeinert sie, und an dem Tag, da unser Gehirn zu seiner Aufnahme bereit ist, lässt sich das höhere Ich in uns nieder.[2]

Unser wahres Ich ist nichts anderes als Gott selbst; darum sind wir in den höchsten Bereichen unseres Geistes Gott selbst, denn außer Gott existiert nichts. Gott offenbart sich durch die ganze Schöpfung und durch jedes Geschöpf – deswegen sind wir ein Teilchen von Ihm, wesenseins mit Ihm. Die eigentliche Illusion ist die, dass wir uns von Ihm getrennt glauben. Wenn die Weisen von der Maya, der Illusion, sprechen, meinen sie damit nicht die Stoffwelt: Die Erdenwelt ist keine Maya, sondern Maya ist unser niederes Ich, weil es uns mit der Vorstellung täuscht, wir lebten von Gott getrennt. Die Welt ist eine Wirklichkeit und die Materie ebenfalls. Ja, ich kann nur wiederholen, dass die Täuschung unserem niederen Ich entsteigt, was uns immer zu der Ansicht verleitet, uns als getrennte Wesen zu betrachten.[3]

Solange der Mensch zu tief unten auf der niedrigsten Stufe seines Ichs lebt, irrt er sich, unterliegt den Illusionen und kann das alles vereinende, universale Leben des kosmischen Geistes nicht fühlen. Sein niederes Ich hindert ihn daran, das Verstehen und das Einssein mit Ihm zu spüren. Nun hat die Gebets- und Meditationsarbeit beim Sonnenaufgang zum Ziel, den Kontakt zwischen dem niederen und dem höheren Ich, das in der Sonne wohnt, wieder herzustellen und eine Verbindungsbrücke zwischen ihnen zu errichten.

Solange ihr euch von der mechanistischen Philosophie beeinflussen lasst, solange ihr denkt, dass die Sonne weder zu euch sprechen noch euch helfen kann, verschließt ihr euch den Weg der Entwicklung. Ihr müsst verstehen, dass alles lebendig ist, dass sich durch alles, was wir sehen, eine Intelligenz manifestiert, dass die Sonne Intelligenz, Leben, lebendiges Licht ist... Dann spricht sie plötzlich zu euch. Sie hat mir schon viele Dinge enthüllt, weil ich sie genau als das betrachte, was sie ist, d. h. als einen außergewöhnlich hohen Geist, schön, groß, mächtig, intelligent... sodass alles neben ihr verblasst! Versucht, ihr Fragen zu stellen und ihr werdet sehen, dass sie euch antwortet. Vielleicht könnt ihr nicht sofort ihre Antwort entziffern, aber früher oder später wird sie auf eurem Bildschirm, in eurem Gehirn erscheinen. Die Sonne schickt ihre Antworten sofort, wie elektronische Maschinen. Der Mensch muss sich nur genug entwickeln, um sie auch zu empfangen.

Anmerkungen

1. Siehe Band 222 der Reihe Izvor »Die Psyche des Menschen«, Kapitel 3: »Von Seelen und Körpern«.
2. Siehe Band 222 der Reihe Izvor »Die Psyche des Menschen«, Kapitel 13: »Das höhere Ich«.
3. Siehe Band 213 der Reihe Izvor »Die menschliche und göttliche Natur in uns«, Kapitel 3, 4 und 5.

II

Wie Ihr wisst, hat die Wissenschaft schon vor mehreren Jahrzehnten die Wellen entdeckt, die den Raum durchqueren. Das war der Ursprung von Radio, Fernsehen, Telefon, Radar usw. Das einzige Problem bestand darin, Geräte zu bauen, die diese Wellen auffangen oder aussenden konnten.

Warum sollen aber nur Wissenschaft und Technik diese Entdeckung ausnutzen? Im Raum gibt es nicht nur Wellen, die zum Telefonieren, Fernsehen oder Radiohören geeignet sind..., sondern noch viel feinere, und wir müssen auch lernen, diese zu empfangen, denn wir sind dazu imstande. Der Herr hat dem Menschen Organe gegeben, mit denen er die Wellen auffangen kann, die von der Sonne, den Sternen und all den hoch entwickelten Wesen, die im All wohnen, ausgesendet werden. Aber anstatt deren Botschaften und Kraftströme aufzunehmen, aus denen sie alles Notwendige zur Verbesserung ihrer Gesundheit oder zum klaren Verständnis der Dinge schöpfen könnten, sind die Menschen auf andere »Sender«, auf die Sender der Hölle eingestellt, die nur Streitereien und Aufruhr ausstrahlen. Ihr müsst also lernen, den Sender zu wechseln, und das könnt ihr beim Sonnenaufgang tun.

Jeden Morgen, wenn ihr auf den Felsen* kommt, solltet ihr daran denken, dass ihr die von der Sonne ausgestrahlten Lichtwellen in euch aufnehmen könnt. Anstatt dauernd eure Rachegefühle und eure ungelösten Probleme wiederzukäuen, solltet ihr euch auf die himmlischen Wellenlängen einstellen, denn sonst bleibt ihr ewig die gleichen armseligen Leute, die überhaupt keinen Nutzen darin sehen, den Sonnenaufgang zu betrachten.

Ich weiß übrigens ganz genau, dass manche sagen: »Warum soll ich morgens auf den Felsen gehen? Das bringt mir überhaupt nichts.« In Wirklichkeit kommt es darauf an, wie sie die Frage stellen. Wenn sie sich ehrlich eingestehen: »Ich habe nur Sorgen und Schwierigkeiten in meinem Leben, ich sitze in der Klemme«... und dann morgens mit der Absicht zum Sonnenaufgang gehen, eine Lösung dieser Probleme zu finden, gelingt es ihnen dort, alles zu lösen. Ja, neigt euch morgens bei Sonnenaufgang über euren Kummer, dann wird die Sonne, die euch anschaut, sagen: »Dort sitzt ein armer, unglücklicher Mensch, ich will ihm helfen, ihn erleuchten.« – Wie kann euch die Sonne dabei helfen? Eben durch ihre Lichtwellen.

* Felsige Anhöhe über dem Bonfin, auf der die Bruderschaft (z. B. während der Frühlings- und Sommerkongresse) beim Sonnenaufgang meditiert.

Keiner darf sich über etwas äußern, solange sein Bewusstsein nicht erwacht ist, denn unter solchen Umständen kann er sich nur irren. Deshalb wiederhole ich tausendfach, dass ihr euch schon am Vortag auf den Sonnenaufgang vorbereiten, mit den besten Gedanken und Gefühlen einschlafen solltet.[1] Auf diese Weise bahnt ihr einen Weg, und am nächsten Morgen kommt ihr wach und aufnahmebereit zur Sonne und denkt: »Der Himmel, die Engel sprechen mit uns, sie schicken uns ihre Botschaften. Oh Herr, danke. Heute kann ich ein bisschen mehr Gesundheit, Weisheit und Liebe gewinnen.« Könntet ihr nur einige Wellen aufnehmen, würdet ihr die himmlischen Geschöpfe über eure Zukunft reden hören, über euren Reichtum, über euer zukünftiges Leben, wenn euer Bewusstsein erwacht sein wird. Ja, der Himmel spricht mit euch, er singt für euch. Wie könnt ihr dann nachher sagen, dass nichts geschieht?

Die Sonne sollte die Erste sein, zu der wir am Morgen unsere Blicke wenden, denn dadurch wird sie unseren ganzen Tag günstig beeinflussen. Dies sind Dinge, denen heute fast keine Bedeutung beigemessen wird, aber das ist ungerecht. Wenn man morgens aus dem Hause geht und diesen oder jenen trifft, ist dies nicht unbedeutend, denn der eine bringt euch Glück und Erfolg und der andere Unglück und Misserfolg.

Als ich noch in Bulgarien lebte – das war natürlich vor dem letzen Krieg – gab es einen sehr schönen, rührenden Brauch: Am Morgen des Neujahrstages schickte man die Kinder auf die Straße und in die Nachbarschaft, um allen ein gutes Neues Jahr zu wünschen. Kinder sind rein und man dachte, sie könnten nur Gutes bringen. Jedes Kind hielt einen kleinen, manchmal mit Bändern geschmückten Zweig, mit dem es die Leute berührte und ihnen die besten Wünsche für Gesundheit, Erfolg und reiche Ernte überbrachte. Zum Dank erhielten die Kinder Früchte, Kuchen und Süßigkeiten, für die sie einen Sack mitschleppten, der bald größer war als sie selbst.

Als ich klein war, habe auch ich mit meinem kleinen Zweig der Nachbarschaft ein gutes Neues Jahr gewünscht. Ich weiß nicht, warum die Leute glaubten, dass ich ihnen Segen bringen könnte, aber viele Familien baten meine Mutter, mich früh morgens schon vor den anderen Kindern loszuschicken. So weckte sie mich zeitig auf und zog mich an. Für mich war das eine Qual, ich war noch müde, und in die Kälte, in den Schnee hinauszugehen, fiel mir schwer; denn die Winter in den mazedonischen Bergen sind nicht wie die Winter an der Cote d'Azur. Aber trotz allem machte ich das und trat schläfrig in die Häuser ein, um die ganze Familie mit meinem kleinen Zweig zu berühren und die auswendig gelernten Sprüche vor mich hin zu murmeln, deren Sinn ich nicht einmal kannte. Aber es war trotzdem eine sehr hübsche Sitte.

Für die Sonne gilt das Gleiche. Sie sollte euch als erste begrüßen und euch einen schönen Tag wünschen, dann werden alle eure Vorhaben gut gelingen. Deshalb ist die Vorbereitung auf den nächsten Morgen so außerordentlich wichtig. Ihr solltet euch auf die Begegnung mit dem höchsten Diener Gottes einstellen und daran denken, dass ihr euch an seinem Licht, seiner Wärme und seinem Leben erquicken könnt. Versucht, euren Kummer und eure Qualen beiseite zu lassen und gebt euch voll und ganz der himmlischen Welt hin, damit ihr mit den wohltuenden Kräften, die in und um euch herum sind, in Verbindung treten könnt.

Schaut einmal, wie viele Menschen miteinander in Verbindung treten können, seitdem der Kontakt per Radio erfunden worden ist! Sogar wenn Leute mit Flugzeugen, Schiffen, in Bergen oder Höhlen in Gefahr geraten sind, können sie um Hilfe funken. Radio und Fernsehen bringen uns täglich Nachrichten aus der ganzen Welt. Das ist sehr gut, aber warum soll man immer von den Menschen Übermittlungen empfangen, die uns ewig nur Geschrei, Forderungen, Aufstände und Drohungen bringen. Wir sollten jetzt die von Gott gegebenen Fähigkeiten anwenden und mit der Sonne, mit den uns überragenden Geschöpfen Kontakt aufnehmen, uns mit ihren Wellenlängen harmonisieren, in ihre Aura, in ihr Glück, in ihr Licht, in ihren Frieden eintauchen, und nachdem wir bei ihnen Kraft geschöpft haben, dürfen wir auch mit den Menschen in Verbindung treten.

Manche denken jetzt: »Wann hört das Gerede endlich auf? Sie sprechen von der Sonne, aber unterdessen brennt sie heiß auf unsere Köpfe.« Umso besser, dann seid ihr wenigstens bald gut gebacken und gar zum Verspeisen! Denn es gibt kluge Geister, die einem Gärtner gleich, ihren Blumen- oder Obstgarten besuchen, um dort die Früchte zu pflücken und sich daran zu erfreuen. Sie sagen: »Oh, diese Honigmelone, diese Wassermelone, dieser Pfirsich... welch herrliche Früchte!« Wenn sie einen zum geistigen Leben erwachenden Menschen erblicken, befassen sie sich mit ihm, indem sie sich an seiner hellen, lichtvollen Ausstrahlung entzücken.[2] Ja, alle Frauen und Männer werden auf diese Weise von den himmlischen Gärtnern besucht. Nun wendet jemand ein: »Ich habe nichts zu verschenken, ich bin kein Obstgarten, wie könnte man bei mir etwas holen?« In Wirklichkeit gibt es immer ein nützliches Element zu entnehmen... sogar von giftigen Pflanzen und wenn es nur für die Medikamente wäre!

Dies ist eines der interessantesten Themen; wenn ich mich jetzt darauf einlassen würde, gäbe es kein Ende mehr. Die Menschen ahnen nicht, dass sie von den Geschöpfen der anderen Welt besucht werden. Selbst die jungen Mädchen und Jungen werden aufgesucht, denn sie gleichen mit Chemikalien gefüllten Laboratorien. Aber der rechte Augenblick für dieses Thema ist noch nicht gekommen. Ich warte ab, bis ihr wenigstens die grundlegenden Fragen richtig verstanden habt, denn sonst könnt ihr die wichtigeren Punkte nicht erfassen. Wenn ich sehe, dass euch die Aufmerksamkeit beim Sonnenaufgang noch fehlt, dann lasse ich euch nicht an Bereiche heran, wo die größte Beherrschung seiner Gedanken und Energien erforderlich ist. Im geistigen Leben ist es sogar noch gefährlicher als in anderen Bereichen, Etappen überspringen zu wollen. Wenn ich euch einen Talisman gebe und euch sage: »Hiermit könnt ihr die Geister beschwören«, werdet ihr aufgrund eurer Schwächen und Unerfahrenheiten erdrückt werden. Hätte ich euch damit etwas Gutes getan? Erst wenn ihr die Dinge, die ihr bislang unbedeutend und unwichtig fandet, berücksichtigt habt, seid ihr vorbereitet. Diese Dinge sind uninteressant, aber sie retten euch das Leben, dagegen bringt das, was euch interessiert, alles Unglück, wenn man es euch vorzeitig gibt.

Anmerkungen

1. Siehe Band 228 der Reihe Izvor »Einblick in die unsichtbare Welt«, Kapitel 15: »Wie man sich im Schlaf schützen kann« und Kapitel 16: »Die Reisen der Seele im Schlaf«.
2. Siehe Band 242 der Reihe Izvor »Unerschöpfliche Quellen der Freude«, Kapitel 18: »Der Besuch der Engel«.

III

Jedes Jahr, wenn die Sonne im Frühling die Erde erwärmt, werden die im Boden versteckten, friedlich schlummernden Samen durch das sachte Streicheln und Rufen der Sonne erweckt und beginnen ihre Arbeit. »Oh, oh, was erzählen Sie uns da? Das Keimen und Wachsen ist ein automatischer, unbewusster Vorgang in der Pflanzenwelt...« Gewiss, das weiß ich, trotzdem schläft in jeder Pflanze ein Leben, welches jedes Frühjahr mit der ersten Sonnenwärme aktiviert wird: Jeder Keim, jedes Saatkorn sprießt und wächst zur Freude der Menschen, die dann wissen, dass sie die Früchte ernten werden und überleben können.

Ihr seid enttäuscht und denkt: »Das wissen wir längst!« Daran zweifle ich nicht, erwähne es aber trotzdem, um euch zu zeigen, dass ihr diese Tatsache noch nicht richtig begriffen habt. Verstehen und Wissen sind zweierlei. Man weiß – aber was hat dieses fabelhafte Wissen bisher gebracht? Rein gar nichts. Hättet ihr tatsächlich etwas begriffen, dann hättet ihr erkennen müssen, dass auch ihr eure inneren Samen zum Sprießen bringen müsst.

Der Schöpfer hat auch in die Seele, in den Geist, in das Herz, in den Verstand und in den physischen Körper des Menschen Samen gelegt (Talente, Tugenden, magische Kräfte und alles Herrliche), die nur von dem heiligen Licht und den wärmenden Strahlen der geistigen Sonne erweckt und zum Gedeihen gebracht werden können. Wenn wir im Frühling und im Sommer jeden Morgen zum Sonnenaufgang gehen – die Sonne ist das beste Abbild der Gottheit – geben wir unseren Samen die besten Bedingungen zum Wachsen und Sich-Entfalten. Wer sich für so klug und allwissend hält, dass er diese Übungen verachtet, dessen göttliche Saat bleibt in Ewigkeit begraben.

Wenn ihr euch jeden Morgen den Sonnenstrahlen aussetzt, sprießen die Samen in euch und bald gleicht ihr einem blühenden Garten mit köstlichen Früchten.[1] Ohne Sonnenbestrahlung bleiben die Früchte grün, sauer, herb, wenn sie aber der Sonne ausgesetzt sind, bekommen sie schöne Farben, werden süß und saftig. Das weiß jeder, aber wiederum hat keiner erkannt, dass für den Menschen dasselbe Gesetz gilt. Gewiss, viele Leute sonnen sich an den Stränden, aber nachmittags, wenn die Sonneneinwirkungen und Strahlungen nicht mehr günstig sind und sogar schädlich werden.

Ihr solltet euch morgens sehr früh von den Sonnenstrahlen durchdringen und sie in euch wirken lassen, dann werdet ihr bald kleine Knospen, junge Sprösslinge in euch heranwachsen fühlen. Natürlich müssen diese dann auch begossen werden, denn sonst würden sie verdorren. Die Sonne gibt Licht und Wärme, aber da sie nicht begießen kann, braucht sie einen Mitarbeiter – das Wasser, und dieser Gehilfe wohnt in unserem Inneren. Ja, die Sonne vollbringt nur einen Teil der Arbeit, den Rest müssen wir selbst dazu beitragen: Die von der Sonne erwärmten Pflanzen müssen von uns begossen werden. Mit welchem Wasser? Mit unserer Liebe, unserem Glauben, Vertrauen und gutem Willen. Wir müssen der Sonne ein wenig zur Hand gehen! Wer sich von ihr ohne eigenes Dazutun erwärmen lässt, erzielt keine großartigen Resultate; denn was sie heranwachsen ließ, vertrocknet wieder.

Wie können wir an der Sonnenarbeit teilnehmen? – Nun denn, während sie uns bestrahlt, sollten wir genauso tatkräftig wie sie werden, d. h. meditieren, uns versenken, beten, dem Herrn danken oder wohlgesinnte, lichtvolle Worte sprechen.[2] Auf diese Weise begießt ihr die zarten Sprösslinge mit eurer Herzenswärme, mit eurer Liebe, und alles kann gedeihen. Lernt Landwirt eures eigenen Ackers zu werden!

Anmerkungen

1. Siehe Band 231 der Reihe Izvor: »Saaten des Glücks«, Kapitel 19: »Der Garten von Seele und Geist«.
2. Siehe Band 323 der Reihe Broschüren »Meditationen beim Sonnenaufgang«.

III

DIE SUCHE NACH DEM ZENTRUM

I

Alles, was auf Erden besteht, existierte zuerst im ätherischen Zustand in der Sonne. Wer diesen Gedankengang begreifen will, muss wissen, dass sich die Elemente bildeten, indem sie sich nach und nach verdichteten. Am Anfang war das Feuer. Das Feuer sonderte Stoffe ab, die dichter waren als seine eigene Substanz – das war die Luft, die ihrerseits das Wasser absonderte. Das Wasser hat sich wiederum von den festeren Elementen gelöst, welche die Erde bildeten (übrigens verfügt man heute über die wissenschaftlichen Beweise, dass das Leben auf Erden aus dem Wasser stammt). Jedes Element ist die Verdichtung des nächst feinstofflicheren Elements: die Luft aus dem Feuer, das Wasser aus der Luft, die Erde aus dem Wasser. Aber über dem uns bekannten Feuer, existiert ein anderes Feuer – das Licht der Sonne, das der wahre Urquell aller Dinge ist.

Ihr fragt: »Wie konnte es denn geschehen, dass diese Elemente sich alle kondensierten?« – Nun, es genügte, dass sie aus dem Zentrum der Sonne hinaustraten. Als sich die in der Sonne enthaltenen Elemente zur Peripherie begaben, wurden sie dicht, undurchsichtig, träge und schwer. Genauso verhält es sich mit dem Menschen: Er hat sich von dem Mittelpunkt, vom Herzen Gottes entfernt und ist finster und schwerfällig geworden. Um sein ursprüngliches Licht und seine Reinheit zurückzugewinnen, muss er seine geistige Mitte wiederfinden. Ihr werdet gleich sehen, wie sehr die Weisungen aller Religionen in der Suche nach dem Zentrum oder symbolisch gesehen – der Sonne – übereinstimmen.

Vor Jahren gab es in Saint Cloud bei Paris einen Jahrmarkt namens Lunapark. Eines Tages habe ich ihn besucht, um einmal zu sehen, was es dort gibt. Ich will nicht über alle Vergnügungsmöglichkeiten sprechen, die dort für das Publikum vorhanden waren, sondern nur den so genannten »Butterteller« erwähnen. Es handelte sich um eine runde, drehbare Plattform, auf die die jungen Leute stiegen. Die Maschine setzte sich in Bewegung, die Drehung beschleunigte sich, und bald wurden diejenigen, die nicht in der Mitte standen, von der Zentrifugalkraft ergriffen, umgeworfen und nach allen Richtungen gegen den Rand geschleudert, während diejenigen, die im Mittelpunkt standen, ruhig an ihrem Platz blieben. Dieses einfache bildliche Beispiel zeigt, dass der Mensch, je weiter er sich von der Mitte entfernt, um so mehr aus dem Gleichgewicht und

Frieden gebracht und von ordnungswidrigen, wirren Kräften zu Boden geschleudert wird. Nähert er sich jedoch dem Zentrum, wird er von einer anderen Bewegung erfasst und fühlt sich ruhig, voll Freude und Glück.

Die Eingeweihten der Vergangenheit gaben aufgrund übereinstimmender Beobachtungen in der Natur und in ihrem eigenen Wesen eine allumfassende Wissenschaft und Weltanschauung sowie Lebenshilfen. Die Ergebnisse ihrer Erfahrungen und Entdeckungen sind uns überliefert, und ich übermittle sie euch zu eurem Nutzen und eurer Vervollkommnung. Nur müsst ihr mich richtig verstehen. Ich verwende eine klare, einfache, beinahe kindliche Sprache, während das, was in den Schriftwerken der Philosophen und Theologen dargelegt wurde, meist abstrakt und unklar ist. Nun, warum soll man bedeutende Wahrheiten nicht in einfachen Worten ausdrücken? Warum sie nicht verständlich und selbst den Kindern zugänglich machen? Gott hat mir die Begabung gegeben, abstrakte Dinge klar und einfach darzustellen, und dies tue ich jeden Tag für euch. Schaut einmal, allein das Beispiel des Karussells zeigt uns, dass wir dann, wenn wir jeden Morgen die Sonne mit dem Wunsch betrachten, in sie einzudringen, nicht nur Kräfte aus ihr schöpfen, sondern in uns selbst ein Zentrum finden: Wir verlassen die Peripherie und kehren zur Quelle, zum Frieden, zum Licht und zur Freiheit zurück.

Die Sonne ist das Zentrum unseres Sonnensystems. Harmonisch kreisen alle Planeten um sie. Die ausgeglichene Bewegung der Himmelskörper sollte auch auf unsere eigenen Körperzellen übertragen werden. Aber damit dies eintrifft, müssen wir unsere Sonnenmitte, den Geist in uns – Gott – finden. In dem Augenblick schwingt jedes Teilchen unseres ganzen Wesens mit dem kosmischen Lebensrhythmus im Einklang, und was wir dabei an Empfindungen und Bewusstseinszuständen erfahren, ist so wunderbar, dass man es nicht in Worte fassen kann.

Ihr fragt vielleicht: »Ist es denn unbedingt notwendig, den Sonnenaufgang zu sehen? Kommt es nicht auf dasselbe heraus, wenn man zu Hause betet?« Gewiss, ihr könnt in eurem Zimmer beten, die Verbindung mit Gott aufnehmen und zur geistigen Mitte zurückfinden, aber wenn ihr während des Betens zugleich die reine Luft atmet und euch den Sonnenstrahlen aussetzt, verwirklicht ihr das Einswerden mit Gott nicht nur intellektuell, geistig, kraft des Denkens, sondern dank der Luft und des Lichts auch physisch. Hier beim Sonnenaufgang wird euch unter äußerst förderlichen Umständen geholfen: frische Morgenluft, besinnliche Stille, freier Ausblick in die Weite und dazu warmer Sonnenschein – das ist die Lebensfülle! Wer diese guten Verhältnisse zu nutzen weiß, findet viel schneller, schöner und unmittelbarer zur Lebensquelle, derer wir so sehr bedürfen.[1]

Ausnahmslos alle Lebewesen verlangen, zu dem Urquell zurückzukehren. Jeder versucht es auf seine Weise – aber im Grunde genommen sehnen sich alle nach der Gottheit: sowohl diejenigen, die nur auf Essen und Trinken bedacht sind, als auch jene, die den Frauen nachstellen, ohne jemals Befriedigung zu finden, und jene, die nach Reichtum, Macht oder Wissen trachten... sie alle suchen Gott. Meine Darlegung mag vielleicht die oft engstirnigen und voreingenommenen Geistlichen verdrießen. Sie werden einwenden: »Es ist doch ausgeschlossen, dass die Leute auf derart krummen Wegen Gott suchen!« Doch, es gibt in der Welt kein Wesen, das nicht die Gottheit sucht. Nur hat jeder von Gott seine eigene Vorstellung.[2]

Allerdings wäre es vorteilhafter, wenn alle wüssten, wo Er ist und wo man Ihn in seiner Vollkommenheit finden kann. Ein wenig von Ihm ist in der Nahrung, in den Getränken enthalten, auch im Geld und bei den Männern und Frauen. Wer anders als Er könnte das Gefühl des Erfülltseins, der Entzückung und der Wonne verleihen! Auch das Verlangen nach Macht und Stärke ist nichts anderes als das Streben nach einer Eigenschaft Gottes. Ebenso verbirgt der Wunsch nach Schönheit das Sehnen nach der göttlichen Pracht. Selbst die Schlemmer, die ganze Tage mit Essen verbringen, würden nicht dieses Vergnügen, diesen Genuss des Gaumens oder des Magens spüren, wenn sie dabei nicht ein bisschen etwas von Gott kosteten. Es gibt nichts Gutes, Schönes und Köstliches, dem nicht wenigstens ein Teilchen des Göttlichen innewohnt, aber dem bewussten Gottsucher empfehlen wir nicht diese kostspieligen, schmutzigen und bedauerlichen Wege (manche wollen den Herrn in Abwässern finden). Wir zeigen den besten, den direktesten Weg zu Ihm: die Sonne!

Vor allen Dingen müssen wir zuerst die Bedeutung des Mittelpunkts richtig erfassen. Ebenso muss die Tatsache erkannt werden, dass das Streben zur Mitte grundlegende Wandlungen bewirkt, selbst wenn der Mensch sich dessen nicht bewusst ist. Je näher wir mit Geist, Seele, Herzen und Willenskraft zur Sonne vordringen, umso tiefer stoßen wir zugleich auch zum Lebenszentrum, zu Gott, vor. Denn im irdischen Bereich ist die Sonne das Sinnbild der Gottheit, deren fassliche, sichtbare Erscheinung. Die abstrakten, uns fern liegenden Bezeichnungen für Gott: Quelle des Lebens, Schöpfer des Himmels und der Erde, Ur-Sache, Allmächtiger, Weltseele, kosmischer Geist... werden in dem sichtbaren und fühlbar nahen Bild der Sonne zusammengefasst. Die Sonne darf als die Zusammenfassung und Synthese göttlicher und abstrakter Vorstellungen gelten, die uns weit übertreffen. In der materiellen, irdischen Welt ist die Sonne das Tor, die Verbindung zum Göttlichen, der Mittler, der uns Gott finden lässt.

Wenn ihr dem Mittelpunkt des Sonnensystems eure Aufmerksamkeit schenkt, stellt sich eine ähnliche Ordnung in euch her: ein System mit seiner eigenen Sonnenmitte, dem Geist, der sich wieder einfindet und die Führung übernimmt! Zurzeit herrscht in euch noch ein wüstes Durcheinander, ein Chaos, weil die Regierung, der Kopf fehlt. Eure »Bewohner« schlemmen und trinken, schreien und verwüsten: Die Gedanken, Gefühle und Wünsche widersprechen sich, alle wollen den besten Anteil haben. Wie wollt ihr in diesem gesetzlosen Wirrwarr eure Probleme lösen? Es wird euch nie gelingen!

Ihr müsst zunächst innerlich einem Sonnensystem gleich werden, damit alles um ein einziges Zentrum kreist. Aber ein strahlendes, wärmendes Zentrum. Akzeptiert kein Zentrum mehr, das dunkel, schwach, schmutzig und dumm ist. Geht und macht sauber! Ihr solltet alle diejenigen, die ihr für Vorbilder und Führer gehalten habt, einen nach dem anderen, unter die Lupe nehmen und prüfen: »Leuchtest du wie eine Sonne? Wenn nicht, mach dich davon! – Und du, bist du warmherzig wie die Sonne? Nicht? Dann raus mit dir.« Nach dieser Säuberung, diesem Reinemachen, setzt ihr die Sonne in euer Zentrum, und sowie sie dort aufleuchtet, ihre gebührende Stelle als Mittelpunkt einnimmt und in eurer Seele wahrhaft lebendig ist, werdet ihr sehen, wozu sie fähig ist. Bei ihrem Auftreten werden die Bewohner in euch den Meister und Gebieter, den Herrn, sofort erkennen!

Ich habe schon häufig das Beispiel der Schulkinder in einem Klassenzimmer erwähnt oder der Sänger in einem Chor oder der Soldaten in einer Kaserne: Solange das Haupt fehlt, der Lehrer, der Dirigent oder der Offizier nicht da ist, tut jeder was ihm gefällt. Sobald aber die Aufsicht erscheint, nimmt jeder seinen Platz ein, und die Arbeit beginnt. Nehmen wir noch das Beispiel einer Familie hinzu, in der gerade gestritten wird, und zu der unerwartet ein Freund zu Besuch kommt, den alle gern haben und achten. Nun müssen alle ein freundliches Gesicht machen: »Guten Tag, nehmen Sie doch bitte Platz! Wie schön Sie wiederzusehen. Wie geht es Ihnen denn?« und sie blicken sich untereinander sogar liebevoll an, damit der Freund nicht merkt, dass sie in dem schlimmsten Familienstreit verwickelt waren. – Warum nutzt ihr dieses Gesetz nicht aus, indem ihr ein herrlich strahlendes, wärmendes und belebendes »Haupt«, eine Sonne, in euch aufnehmt? Im Nu wird dann jeder und jedes instinktiv und magisch den ihm gebührenden Platz finden. Sie würden sich ja schämen, wenn sie vor diesem Freund oder Vorgesetzten nicht höflich erschienen.

Wenn Zank, Tumult, Aufruhr in eurem Gemüt ausbrechen und ihr dann mit Inbrunst zu beten beginnt, legt sich die Unstimmigkeit sofort, und ihr werdet wieder ruhig und glücklich: denn es hat sich ein Freund eingefunden, und seinetwegen verstummen alle Mitbewohner.[3] Wie oft habt ihr dies erfahren, nicht wahr? Wenn ihr diesen Freund überdies noch innig und flehend darum bittet, euch nicht mehr zu verlassen, sondern ewig zu bleiben, endgültig in euch zu wohnen, sich für immer in eurem Zentrum niederzulassen und in euch zu wirken, dann werden ewig Frieden und Licht in eurer Seele walten.

Anmerkungen

1. Siehe Band 235 der Reihe Izvor »Im Geist und in der Wahrheit«, Kapitel 3: »Die Verbindung mit dem Zentrum« und Kapitel 4: »Die Eroberung des Gipfels«.
2. Siehe Band 231 der Reihe Izvor »Saaten des Glücks«, Kapitel 14: »Die Suche nach Glück ist die Suche nach Gott«.
3. Siehe Band 229 der Reihe Izvor »Der Weg der Stille«, Kapitel 2: »Die Verwirklichung der inneren Stille« und Kapitel 5: »Die Stille, ein Energiespeicher«.

II

Wer nach dem Schein urteilt, den Standpunkt der Erde einnimmt, findet, dass die Sonne auf- und untergeht und sich um die Erde dreht. Allein dieses Beispiel beweist, dass diejenigen, die das Urteilen aus irdischer, geozentrischer Sicht gewohnt sind, sich nur irren können. Ihre ganze Weltanschauung ist falsch, weil sie auf der Täuschung beruht, die Sonne drehe sich um die Erde. Die Eingeweihten hingegen sind sich dessen bewusst, dass die Erde um die Sonne kreist, und nehmen den entgegengesetzten Standpunkt ein; sie versetzen sich in die Sonne, betrachten die Dinge von ihr aus und erkennen den wahren Sachverhalt.

Ihr sagt: »Wir wissen doch alle, dass die Erde sich um die Sonne dreht!« Sicher, theoretisch wisst ihr das, aber in Wirklichkeit verhaltet ihr euch, als kreiste die Sonne um die Erde. Deswegen wiederhole ich: Solange ihr den Mittelpunkt nicht aufsucht – eure Wesensmitte, euer göttliches Ich – und darin lebt, von dort her schaut und handelt, erkennt ihr die Wahrheit nicht und seht alles in einem falschen Licht.

Wenn ihr mich nicht begreifen könnt, beweist dies, dass ihr euch nicht bewusst seid, dass es auch im Menschen eine Erde und eine Sonne gibt. Der Bauch, die Eingeweide und die Triebe sind die Erde, und die Sonne ist die Vernunft, das Gehirn. Leider ist die Menschheit seit Jahrhunderten in den Bauch abgerutscht und sieht die Dinge nur durch den Bauch, d. h. durch die Materie. Alles andere hat keine Bedeutung mehr für sie. Deshalb stößt derjenige auf große Schwierigkeiten, der versucht, die Menschheit erneut zu der geistigen Mitte, zu Vernunft und Weisheit, zum Licht oder, wenn ihr wollt, zum heliozentrischen Standpunkt zurückzuführen. Wer sich in den Mittelpunkt des Sonnensystems versetzt, schreitet damit auf seine eigene Wesensmitte zu, um die alles kreisen soll. Auch wenn der Mensch behauptet, er sei der Mittelpunkt seines eigenen Daseins, so kreist er in Wirklichkeit doch um andere Dinge. Deshalb ist er hin- und hergerissen, von Sorgen geplagt und kann die Wahrheit nicht entdecken.

Ich werde sämtliche mir verfügbaren Mittel, Kenntnisse und Argumente aufwenden, um euch diese großartige Wahrheit nahe zu bringen: Sucht zuerst einmal den Mittelpunkt unseres Planetensystems, die Sonne, diese lebenspendende Quelle und dann im geistigen Bereich den höchsten und mächtigsten Gott! Dann verbindet die Sonne und den Herrn mit eurer eigenen Mitte, mit eurem Überselbst, mit dem göttlichen Funken in euch. Auf diese Weise findet ihr euch selbst endlich wieder und schaut die Wahrheit. Noch lebt ihr in Selbsttäuschung und Qualen, weil ihr euren wahren Mittelpunkt noch nicht gefunden habt, um den ihr kreisen und mit dem ihr euch verbinden sollt. Bislang dreht sich noch alles um eure eigenen Neigungen, Launen und Begierden, und ihr lasst euch von ihnen beherrschen. Nein, so darf es nicht sein, fortan müssen sie euch unterliegen, euch gehorchen, um euch kreisen. Wenn ihr ewig darauf bedacht sein müsst, eure niederen Impulse zu befriedigen, bringt ihr es zu nichts und verliert obendrein noch alles andere. Die Triebe sollen euch gehorchen, euch dienen, euch, die ihr das Zentrum, der Kopf, der Herr eures eigenen Reichs seid.[1]

Wesentlich ist im Augenblick, dass ihr euren Standpunkt ändert. Anstatt zu brummen: »Ach, schon wieder muss ich aus dem Bett und zum Sonnenaufgang! Mein Gott, wozu nützt mir das? Mein Kopf ist benommen, ich kann nicht meditieren«, werdet ihr morgens mit einer anderen Bereitschaft aufstehen, da ihr jetzt wisst, welche Schätze es zu entdecken gibt.

Damit ihr mich besser versteht, möchte ich euch jetzt noch eine Seite aus dem Buch der lebendigen Natur erläutern.

Wer das Verhalten der Menschen beobachtet, erkennt, dass sie den unwillkürlichen Drang verspüren, eine gute Stellung zu erreichen, im sozialen

Leben aufzusteigen, Verantwortung zu übernehmen und zu befehlen. Dazu müssen sie einige Prüfungen ablegen, und wenn sie ihr Können bewiesen haben, werden sie für einen hohen Posten ausgewählt. Aber warum hat man nicht gesehen, dass es im Geistigen genauso ist? Die Eingeweihten und wahrhaft Strebenden wissen, dass es in der geistigen Welt ebenfalls Schiedsrichter und Prüfungskommissionen gibt, die beobachten, wie sie ihre Lebensprobleme lösen. Darum arbeiten sie innerlich unablässig, und wenn sie Erfolge verzeichnen, wird ihnen eine höhere Stellung, ein erweiterter Wirkungskreis anvertraut. Je höher sie steigen, je näher sie sich zum Gipfel der Vollkommenheit erheben, umso mehr belohnt sie der Himmel mit wichtigen Stellungen und Auszeichnungen, bis sie eines Tages die Vollmacht besitzen und sogar den Naturkräften befehlen – doch dies immer nur im Sinne des Guten.

Anstatt mit anderen um den Posten eines Regierungspräsidenten, eines Ministers oder Staatschefs zu wetteifern, solltet ihr lieber an eurem geistigen Aufstieg arbeiten, damit ihr zur Sonne findet. Je inniger die Liebe und das Verständnis sind, die man der Sonne entgegenbringt, desto höhere Stufen des Seins erreicht man und nähert sich dem Gipfel. Anders dargestellt ist der Gipfel eigentlich nichts anderes als der Mittelpunkt, denn die geometrische Projektion eines Kegels ist ein Kreis mit seinem Mittelpunkt.[2] Ob ihr nun einwärts zum Mittelpunkt eures Kreises, eurer Seele, eures Geistes oder hinauf zur Sonne, zum Gipfel steigt, ist dasselbe, nur mit anderen Worten ausgedrückt. Ihr erhaltet die gleichen Segnungen: Frieden, Klarheit, Kraft, Liebe...

Anmerkungen
1. Siehe Band 235 der Reihe Izvor »Im Geist und in der Wahrheit«, Kapitel 5: »Von der Vielfalt zur Einheit«.
2. Siehe Band 218 der Reihe Broschüren »Die geometrischen Figuren und ihre Sprache«, Kapitel 2: »Der Kreis«.

IV

DIE NÄHRENDE SONNE

I

Die Sonne ist der Ursprung aller Planeten; sie sind aus ihr hervorgegangen. – Folglich existieren alle chemischen Elemente, alle Mineralien und pflanzlichen Substanzen der Erde bereits in feinstofflicher, ätherischer Form in der Sonne. Die Frage ist jetzt nur, wie der Mensch, indem er sich auf die Sonne konzentriert, die für seine Gesundheit und Ausgeglichenheit notwendigen Elemente in ihrer ursprünglichen Reinheit aufnehmen kann. Denn solange er nur auf irdischer, körperlicher Ebene nach Heilmitteln sucht, ohne Anstrengung um eine geistige Erhebung, gewinnt er nichts im spirituellen Bereich.

Bei geringster Unbehaglichkeit schlucken die meisten schon haufenweise Medikamente. Gewiss, die ursprünglichen Bestandteile dieser Heilmittel stammen aus der Sonne, aber es wäre viel wirksamer sich zu bemühen, die Teilchen im ätherischen Zustand aus der Quelle zu schöpfen. Diese feinstofflichen Elemente sind der Wissenschaft noch unbekannt, denn sie sind viel zu subtil. Trotzdem sind sie wichtiger als alle anderen, die bisher entdeckt wurden.[1]

Heute misst die offizielle Medizin den Hormondrüsen eine wesentliche Rolle bei. Das ist ein Fehler. In Wirklichkeit gibt es auf der Astral- und Mentalebene andere Fakten, welche die Drüsentätigkeit auslösen und leiten. Wenn eine Drüse zu viel oder zu wenig Hormone produziert – wodurch Anomalien im Organismus entstehen –, muss es doch irgendwo einen Grund dafür geben. Wo ist er? Nun denn, die Ursache liegt gerade in den Astral- und Mentalsphären. Aber diese beiden Bereiche, wo die Gedanken und die Gefühle entstehen, sind weder erforscht noch beherrscht worden, und gerade von dorther werden die Urheber ausgesandt, die funktionsstörend auf die Drüsen, das Nervensystem, den Sympathikus, die Nervenknoten usw. einwirken. Folglich sollten die Ursachen der Erkrankungen und deren Heilmittel auf viel höheren Ebenen gesucht werden. Nach und nach wird auch die Wissenschaft diese Gebiete entdecken.

Es ist noch gar nicht so lange her, da hieß es: »Soundso viel Eiweiß, soundso viel Fett, Zucker, Mineralstoffe... ergeben diese oder jene Kalorienmenge und demzufolge soundso viel Energie.« Jeder gab sich damit zufrieden, bis man eines Tages entdeckte, dass es feinere, unwägbare Stoffe, die »Vitamine«, gibt. Von da an sprach man nur noch von Vitaminen, und jeder stopfte sich damit voll. Die Eingeweihten brauchen keine Vitamine einzunehmen. Sie steigen bei ihrer geistigen Arbeit so weit auf, dass sie sehr viel feinere, lebenswichtige Wirkstoffe auffangen, die in der Lage sind, im Körper alles zu regulieren und zu ordnen; selbst die Assimilierung der Vitamine! Jetzt ist man auf die Hormone gestoßen, aber auch dies ist noch nicht die letzte Entdeckung.

Das letzte Wort werden die Gedanken und Gefühle haben, das kann ich euch versichern. Ja, die Gedanken und Gefühle sind Kräfte, die bestimmte Zentren in Bewegung setzen, welche ihrerseits die endokrinen Drüsen, das Nervensystem und den gesamten Stoffwechsel beeinflussen. Die Gedanken und Gefühle erzeugen – je nach ihrer Beschaffenheit – harmonische oder disharmonische Zustände.[2] Es gibt heute zwar einige Forscher, die in dieser Richtung arbeiten, aber auf die hört man nicht. Später werden ihre Theorien jedoch von der Wissenschaft offiziell anerkannt werden. Dann wird man nur noch die subtilen Wirkkräfte des Denkens und Fühlens erforschen, man wird neue Studienzweige mit entsprechenden Laboratorien und speziellen Untersuchungsverfahren gründen, und jeder muss dann einsehen, dass die esoterische Wissenschaft auf festen, wahrhaften Grundlagen beruht.

Jetzt möchte ich euch noch verraten, wie man die ätherischen Teilchen aufnehmen kann, die uns die Sonne morgens sendet. Es ist ganz einfach, und man braucht die Elemente, die die Gesundheit fördern, gar nicht im einzelnen zu kennen, das ist vollkommen unwichtig. Ihr steigt einfach in die feinsten Lichtsphären auf und wartet dort in völliger Hingabe. Eure Seele und euer Geist, die sehr fähige Chemiker und Ärzte sind und sämtliche ätherischen Substanzen genau kennen, nehmen dann die Elemente auf, die ihr benötigt, und lassen die anderen beiseite. Ihr wartet in liebender Ergebenheit und freudiger Zuversicht – und wenn ihr dann wieder auf die Sinnesebene herabsteigt, fühlt ihr euch erneut wohlauf, beruhigt und gestärkt.

Folglich ist es im Moment vollkommen unwichtig, ob ihr die Beschaffenheit dieser heilbringenden Stoffe kennt. Sie befinden sich, um es kurz zu sagen, im Prana. Das Prana ist eine lebendige Kraft, die Lebensenergie, die von der Sonne ausgestrahlt, mit der Luft eingeatmet und mit sämtlichen Zellen aufgenommen wird. Das Prana kann mit dem Wasser, das von den Berghöhen herabfließt, mit einem Strom verglichen werden, der viele Nährstoffe sowohl für die Fische als auch für die Tiere und Menschen enthält, die an seinen Ufern leben. Das Prana ist ein aus der Sonne bis zu uns herabflutender Kräftestrom, aus dem wir durch Atmung[3] und Meditation[4] die heilsamen Elemente schöpfen sollten, die wir benötigen.

Denen, die es bequemer finden, den Mund aufzumachen und eine Tablette zu schlucken, sei gesagt, dass sie einen überaus schädlichen und nachteiligen Weg gewählt haben, auf dem sie die Schulung ihres Willens vernachlässigen und außerdem nur vorübergehende Erleichterung, keine tief greifende, dauerhafte Besserung finden. Ich will damit nicht sagen, dass ihr keine Medikamente einnehmen sollt, aber wenn ihr es tut, dann tut es nie, bevor ihr die lebendigen geistigen Heilkräfte aus dem Prana aufgenommen habt. Denn die psychische und spirituelle Anstrengung, die ihr dabei leistet, stärkt euren Willen und verbindet euch mit höheren Sphären. Sie regt an, belebt und beschwingt gewisse Zentren, die euch aufnahmebereit machen, und wenn ihr dann anschließend die Heilmittel schluckt, sind ihre Wirkungen viel stärker und anhaltender.

Ich empfehle also beides, sowohl das Medikament aus der Apotheke, als auch das geistige Heilmittel, gebe jedoch dem geistigen den Vorzug.[5] Selbstverständlich sind, wie ich schon sagte, in den Medikamenten stets auch pflanzliche Bestandteile oder Mineralien enthalten, die aus der Sonne stammen, und wenn Gott überall in der Natur heilkräftige Substanzen hinterlegt hat, ist es doch wohl gut, wenn man sie verwendet. Daran besteht kein Zweifel. Aber zu glauben, dass sie alles enthalten und nur sie allein fähig sind, die Menschen wieder auf die Beine zu bringen, hieße das esoterische Wissen zu missachten.

Ihr wendet ein: »Ja, aber diese Teilchen, die man beim Sonnenaufgang empfängt, sind nicht wahrnehmbar und können demzufolge nicht sehr wirksam sein!« Es stimmt, sie sind unwägbar, aber dennoch die lebendigste Quintessenz, die die Sonne in das Weltall aussendet. Die von der homöopathischen Medizin entdeckte Tatsache, dass verdünnte Mengen oft wirksamer sind als konzentrierte, beweist die Richtigkeit meiner Worte. Warum soll man nicht die unendlich verdünnten, unwägbaren Teilchen, die unsagbar feinen Vitamine, auffangen, welche die Sonnenstrahlen bringen?

Es gibt noch weit mehr Energiestoffe in der Sonne als die, die für Elektrizität und Heizung verwendet werden. Aus der Sonnenkraft, wenn wir sie richtig aufzufangen wissen, können wir nicht nur Vitalität und Gesundheit, sondern auch Frieden, Verstand, Liebe usw. schöpfen. Diese Philosophie ist der Menschheit mehrere Jahrhunderte voraus. Übrigens haben schon manche zu mir gesagt: »Sie sind mit Ihren Ideen mehrere Jahrhunderte zu früh gekommen.« Das stimmt, was wir heute denken, wird in der Zukunft die ganze Welt denken.

Anmerkungen

1. Siehe Band 322 der Reihe Broschüren »Die spirituellen Grundlagen der Medizin«.
2. Siehe Band 225 der Reihe Izvor »Harmonie und Gesundheit«.
3. Siehe Band 303 der Reihe Broschüren »Die Atmung«.
4. Siehe Band 302 der Reihe Broschüren »Die Meditation«.
5. Siehe Band 239 der Reihe Izvor »Die Liebe ist größer als der Glaube«, Kapitel 4: »Dein Glaube hat dir geholfen«.

II

Die Teilchen unseres physischen Körpers erneuern sich alle sieben Jahre. Folglich ergibt sich die Frage: Warum haben wir immer noch die gleichen schlechten Angewohnheiten, Schwächen und Krankheiten, wenn diese Erneuerung stattgefunden hat? Weil die neuen Zellen den Einflüssen unterworfen sind, die sich der lebendigen Materie unseres Wesens eingeprägt haben; sie müssen sich deshalb den alten anpassen und deren Anordnungen folgen. Daher gelingt es ihnen nicht, unser Temperament zu ändern oder unsere Schwächen zu vertreiben.

Dieses Phänomen kann mit dem Betrieb einer Fabrik oder Behörde verglichen werden. Von Zeit zu Zeit müssen manche Mitarbeiter wegen Krankheit, Alter oder Tod durch neue, jüngere, tatkräftigere Angestellte ersetzt werden. Der Posten verlangt aber von der neuen Kraft, dass sie sich der Arbeit ihres Vorgängers anpasst. Folglich bleibt die Tätigkeit dieselbe, obwohl sie von anderen Personen ausgeübt wird. Das Gleiche gilt für die neuen Teilchen, die wir durch die verschiedenen Aktivitäten wie Ernährung, Atmung, Nachdenken, Fühlen usw. aufnehmen. Wenn die frischen Zellen tatsächlich neue Effekte bringen sollen, müssen sie anders orientiert und mit einem anderen Siegel versehen werden. Ich habe euch diesbezüglich schon zahlreiche Übungen gegeben.

In Wirklichkeit ist die geistige Arbeit mit der Sonne die beste Methode, die Materie unseres Organismus wirklich zu ändern. Das will ich euch jetzt erklären. Jeden Morgen befindet ihr euch vor der Sonne, die lichtvolle Teilchen von höchster Reinheit in das ganze All ausstrahlt. Wer kann euch jetzt daran hindern, dass ihr euch auf das Abwerfen aller alten, verbrauchten, stumpfen, kränklichen Teilchen eures körperlichen und geistigen Wesens konzentriert und diese mit neuen, aus der Sonne kommenden Partikeln ersetzt? Hier habt ihr eine der nützlichsten Übungen, die ihr beim Sonnenaufgang durchführen könnt: Versucht durch eure Gedanken und eure Vorstellungskraft die himmlischen Teilchen aufzufangen und sie in euch einströmen zu lassen. Nach und nach regeneriert dieser Vorgang die gesamte Materie eures Wesens, dann werdet ihr dank der Sonne wie ein Sohn Gottes handeln und denken.

Die Krankheit ist nichts anderes als eine Ansammlung von Fremdkörpern im Organismus, welche zur Heilung ausgeschieden werden müssen. Seht ihr, der wahre Begriff der Gesundheit heißt:

»Reinigung«![1] Die von der Sonne ausgestrahlten Lichtteilchen sind die einzigen Stoffe, die keinerlei Verstopfung oder Unreinheit in uns bewirken. Deshalb ist es so wichtig, diese feinstofflichen Partikel frühmorgens aufzunehmen. Jede Nahrung, jedes Getränk, jeder Atemzug hinterlässt unweigerlich Schlacken. Nur die Materie der Sonnenstrahlen enthält keine Abfallstoffe. Deshalb sollten wir lernen, uns mit den feinen Elementen der höheren Sphären, mit dem Licht zu nähren.

Auf die Frage, wie lange ein Mensch ohne Nahrung auskommen kann, wird geantwortet: »Vierzig, fünfzig, sechzig Tage...«. Und wie lange kann er ohne Trinken überleben? »Zehn bis fünfzehn Tage.« Wie lange ohne Atmen? »Nur einige Minuten.« Dies beweist, dass die feste Nahrung (die der Erde entspricht) für den Menschen weniger wichtig ist als die flüssigen Nährstoffe (die dem Wasser entsprechen) und die flüssige Nahrung weniger wichtig ist als die gasförmige. Wenn ich jetzt frage, wie lange der Mensch ohne Feuer auskommen kann, dann wird man mir antworten: »Jahrelang! Es gibt Leute, die viele Jahre ohne Heizung gelebt haben, und andere, die sogar nie eine besessen haben!« In Wirklichkeit dreht es sich nicht um dieses Feuer, sondern um das innere Feuer des Menschen, und wenn er dieses verliert, stirbt er in der gleichen Sekunde. Ja, in dem Augenblick, wo das Herz seine Wärme verliert, verliert der Mensch sein Leben. Demzufolge ist das Feuer das wichtigste Element im Menschen, und deshalb muss er lernen, sich mit ihm zu nähren und es in sich zu bewahren.

Seht ihr, das ist etwas Neues. Die Menschen sind gewohnt, sich nur mit den festen, flüssigen und gasförmigen Stoffen zu ernähren, aber was geschieht mit dem vierten Element, mit dem Feuer, mit dem Licht? Nichts Besonderes oder besser gesagt gar nichts. Sie wissen nichts von Lichtnahrung, obwohl sie diese notwendiger brauchen als die Luft. Deswegen zeigen diejenigen, die uns kritisieren und uns lächerlich machen wollen, weil wir morgens zum Sonnenaufgang gehen, dass sie Unwissende – ja, ich würde sogar sagen, Dummköpfe sind! Wir sind beim Sonnenaufgang, weil wir uns mit dem Licht nähren, und anstatt sich über uns lustig zu machen, sollten sie lieber das Gleiche tun. Der Mensch braucht das Licht, um sein Gehirn zu nähren. Auch das Gehirn will nämlich versorgt werden!... und seine Nahrung ist das Licht, denn gerade das Licht erweckt im Menschen die Fähigkeit, in die geistige Welt einzudringen. Solange er sich mit fester, flüssiger und luftförmiger Nahrung für sein Gehirn begnügt, welche dieses Organ nicht am nötigsten braucht, bleibt sein Auffassungsvermögen sehr begrenzt. Er mag vielleicht die irdischen Dinge begreifen, aber die Mysterien des Universums bleiben ihm verborgen.

Jetzt wendet ihr ein: »Ja, aber durch Essen und Trinken wird das Gehirn auch genährt.« Das stimmt, gilt aber nur für seinen weniger feinstofflichen Teil. Denn das Gehirn ist ein hierarchisch aufgebautes Organ, das aus verschiedenen Zonen besteht. Einige Hirnzentren erlauben uns in der materiellen und intellektuellen Welt zurecht zu kommen, wohingegen andere den Kontakt mit den Realitäten der geistigen, himmlischen Sphäre ermöglichen. Wer es lernt, sein Gehirn mit diesem feinstofflichen Element, mit Licht, zu nähren, erzielt andere Resultate. Vergangene Traditionen erzählen, dass Zoroaster eines Tages den Gott Ahura Mazda fragte, wie sich der erste Mensch ernährte, worauf Ahura Mazda antwortete: »Er aß Feuer und trank Licht.«[2]

Ihr meint: »Ja, aber das Ersetzen unserer alten Zellen mag sich vielleicht über Jahrhunderte erstrecken.« Nein, dieser Vorgang kann durch die Intensität eurer Liebe beschleunigt werden. Je mehr ihr das Licht liebt, desto stärker zieht ihr es an.

Die meisten Menschen haben zur Sonne eine ebenso unbewusste Einstellung wie zur Nahrung. Sie kümmern sich nicht darum, wie sie essen. Auch wenn sie während der Mahlzeit reden, gestikulieren und streiten, glauben sie, dass der Organismus ganz von selbst alle lebensnotwendigen Nährstoffe ausliest und in sich aufnimmt. Das stimmt, der Körper übernimmt diese Aufgabe. Die Menschen wissen jedoch nicht, dass die Nahrung aus dem Weltraum stammende Kraftströme und feinstoffliche Elemente enthält, dessen Aufnahme nur durch bewusstes Essen möglich ist.[3] Die aus dem Äther-, Astral- und sogar Mentalbereich kommenden Teilchen können uns helfen, unsere Denkweise, unsere Gefühle und unser ganzes Verhalten zu verbessern. Aber wie gesagt, dies ist nur durch bewusstes, vernünftiges Essen möglich.

Beim Sonnenaufgang ist es genau das Gleiche. Wenn ihr nur so dasitzt und mit den Gedanken woanders seid, empfindet ihr zwar durch die Sonnenwärme und das Sonnenlicht ein körperliches Wohlbefinden, aber die feinstofflichen Teilchen, die für eure geistige Entwicklung förderlich sind, die nehmt ihr nicht auf. Seid ihr euch aber dessen bewusst, dass euch die Sonne mit ihren Strahlen ihr Leben, ihre Liebe, ihre Weisheit und ihre Schönheit schenkt, bereitet ihr euch auf diese Gaben vor und öffnet ihr Tausende von Toren, durch die die Sonnenstrahlen eindringen und ihre Schätze in euch niederlegen, so wird auf diese Weise euer ganzes Wesen mit der wohltuenden Kraft der Sonne erfüllt.

All dies zeigt uns, warum es so wichtig ist, dass wir wissen, was die Sonne tatsächlich darstellt. Nur unter dieser Bedingung könnt ihr die Elemente aufnehmen, die euch beim Vertiefen der Naturgesetze und der Naturgeheimnisse helfen und euch den Frieden und das Glück genießen lassen.

Anmerkungen

1. Siehe Band 13 der Reihe Gesamtwerke »Die Neue Erde«, Kapitel 6: »Anleitungen zur Reinigung und Läuterung«.
2. Siehe Band 17 der Reihe Gesamtwerke »Erkenne Dich selbst – Jnani Yoga«, Kapitel 6: »Die Nahrung von Seele und Geist«.
3. Siehe Band 204 der Reihe Izvor«Yoga der Ernährung«.

V

DER SOLARPLEXUS

Das, was wir unter Licht, Wärme und Leben verstehen, ist in Wirklichkeit nur ein sehr niedriger Aspekt des wahren Lichts, des wahren Lebens und der wahren Wärme. Über dem Licht der Sonne steht das Licht Gottes, aber dies ist uns genauso unbegreiflich wie Seine Wärme, Seine Liebe oder Sein Leben, d. h. wir können die höchste Stufe des Lebens nicht erfassen. Gott ist unerkennbar, unerreichbar, aber gleichzeitig berührt Er uns fast, doch dies in einer Ihm fern liegenden, sehr unvollkommenen Äußerungsform. Man darf das Sonnenlicht nicht für das wahre göttliche Licht halten. Es ist nur ein Widerschein. Das höhere Licht können wir weder wahrnehmen noch verstehen; es ist derartig subtil und so außerordentlich mächtig, dass es für uns und sogar für viele andere höher entwickelte Geschöpfe nur Finsternis bedeutet.

In der Einweihungslehre heißt es, dass die Finsternis das Licht hervorgebracht hat. Am Anfang war das Chaos, die ungeordnete Materie, »Hyle«, wie sie von den Griechen genannt wird. Dieses Chaos wird durch den Kreis, durch die

Null veranschaulicht.[1] Der Kreis symbolisiert die Unendlichkeit, die unbelebte Substanz. Dies sind jedoch Begriffe, die sehr schwer zu erfassen und durch den Verstand fast unerreichbar sind. Deshalb können die Wissenschaftler und Philosophen, die alles aus intellektueller Sicht verstehen wollen, nicht alles begreifen. Das Gehirn ist zwar für das Theoretische geeignet, aber zum wahren Verstehen, Fühlen, Erleben und Kosten der Dinge ist es nicht imstande.

Übrigens heißt es oft, dass das Herz versteht, und man spricht von dem Verstand des Herzens. Selbst das Evangelium deutet an, dass das Herz ein Organ mit Verständnis ist. Aber um welches Herz handelt es sich? Jeder denkt an das Organ, welches das Blut durch den Körper schickt. Nein, das wahre Herz, das Herz der Geheimlehre ist der Solarplexus: Er fühlt, versteht und erfasst die hohen kosmischen Wahrheiten. Das Gehirn kann gerade ein bisschen diskutieren, schreiben, reden und angeben, ohne jedoch im Mindesten eine klare Übersicht des Sachverhaltes zu besitzen. Schaut einmal wie es heute in der Welt, in der fünften Rasse zugeht: Es wird erklärt, geredet, geschrieben, aber im Grunde hat keiner die Dinge wahrhaftig erfasst, denn mit dem Gehirn allein kann kein vollständiges Verstehen erreicht werden. Wer die Dinge wirklich verstehen will, muss sie durchleben, muss sie mit seinem ganzen Wesen erleben.

Der Solarplexus leitet alle Körperfunktionen. Atmung, Ausscheidung, Kreislauf, Ernährung und Wachstum hängen von ihm ab. Er allein macht den wirklichen Austausch mit dem Kosmos möglich, denn er ist mit dem gesamten Universum verbunden, was bei dem Gehirn nicht der Fall ist. In Wirklichkeit könnte der Kontakt zwar auch hier hergestellt werden, aber das Gehirn ist bislang noch nicht weit genug entwickelt, denn es ist eine jüngere Bildung. Der Solarplexus dagegen ist eine viel ältere Formung, er hat das Gehirn geschaffen und durch ihn wird das Gehirn ernährt. Ja, das Gehirn ist ein Produkt des Solarplexus, es ist, wenn ihr wollt, sein Kind, darum versorgt er es, führt ihm Nährstoffe zu, und wenn er dies unterbricht, schläft der Mensch ein, wird dumm oder hat Kopfschmerzen und kann nicht mehr nachdenken.

Das Gehirn ist mit dem Solarplexus verbunden, wenn es jedoch dessen Unterstützung nicht ununterbrochen ausnutzen kann, ist dies darauf zurückzuführen, dass es selbst den Kontakt zu ihm noch nicht herstellen kann. Ich erwähnte bereits, dass der Solarplexus ein umgekehrtes Gehirn ist, denn im Gehirn befindet sich die graue Masse außen und die weiße innen, wohingegen beim Solarplexus die graue Materie innen und die weiße außen ist. Ich fügte noch hinzu, dass der graue Stoff das Denken und der weiße das Fühlen erlaubt.

Folglich fühlt der Solarplexus dank der weißen Materie, die sich außen befindet, alles, was im Menschen, in seinen sämtlichen Zellen vorgeht. Deshalb ist er ständig damit beschäftigt, das Gleichgewicht wiederherzustellen. Das Gehirn spürt dagegen überhaupt nichts, außer wenn es dem Menschen wirklich schlecht geht und alles verstopft ist, aber es weiß keine Abhilfe. Wenn z. B. euer Herz zu schnell oder zu langsam schlägt oder wenn ihr Bauchschmerzen habt, kann das Gehirn nichts daran ändern. Übrigens hängt dies nicht von ihm ab. Der Solarplexus kann jedoch, bei guten Bedingungen für ein normales Funktionieren, alles wieder richtig stellen. Er verfügt über eine unvorstellbare, großartige Apotheke, und dank seiner Verbindung zu sämtlichen Organen und Zellen weiß er über alle Vorgänge im Menschen Bescheid und kann sich einschalten. Folglich ist er viel besser ausgerüstet als das Gehirn. Aber über diese Dinge findet man keine deutlichen Erklärungen, selbst in der medizinischen Wissenschaft gibt es keine.

Das Gehirn hat sich bei den Tieren und Menschen erst sehr spät entwickelt; z. B. ist das Gehirn der Ameisen besser organisiert als das eines Menschen, denn sie sind älter als er. Beim Vergleich dieser beiden Hirnmassen, muss man wirklich über den feinen, winzig kleinen Hirnaufbau der Ameisen staunen. Bis jetzt ist das menschliche Hirn noch nicht voll entwickelt, aber eines Tages wird es perfekt funktionieren, denn es ist für die Aufnahme des gesamten Wissens und für außergewöhnliche Verwirklichungen vorherbestimmt. Aber ich möchte es noch einmal betonen, der Solarplexus lenkt und beherrscht alles. Von ihm und dem gleich darunter liegenden, mit ihm verbundenen Harazentrum[2] hängt alles ab.

Im Westen zerstören sich die Menschen selbst, weil sie ihre sämtlichen Aktivitäten in den Verstandesbereich verlagert haben. Sie studieren, berechnen, machen sich Sorgen usw. Sie sind den geistigen Spannungen jedoch nicht gewachsen, und deshalb treten mehr und mehr nervöse Krankheiten auf, die auf die Überlastung des Gehirns zurückzuführen sind. Wüssten die Abendländer ihre Arbeit zwischen dem Gehirn und dem Solarplexus aufzuteilen, würden sie nie ermüden. Warum nicht? Weil der Solarplexus unermüdlich und ein fast unerschöpflicher Energiespeicher ist. Der Mensch hindert jedoch durch seine ungeordnete Lebensweise die Funktionen des Plexus und fühlt sich deshalb blockiert, erdrückt und nervenkrank. Wer nicht vernünftig lebt, zerstört den Hauptfaktor in sich, von dem das Wohl des ganzen Organismus abhängt.

In alten Lehren der Alchimie ist oft die Rede von einem Öl oder einer Essenz mit phantastischen Eigenschaften für Gesundheit, Verstand, Schönheit, Wissen. Im Grunde können alle Lebewesen, Pflanzen, Tiere oder Menschen diese Essenz destillieren; sie hat verschiedene Bezeichnungen: wahrer Lebenssaft, Prana, Elixier des ewigen Lebens... andere nennen es Magnetismus. Gerade diese Essenz meinte Jesus, als er sagte: » ... von dessen Leibe werden Ströme lebendigen Wassers fließen«[3] (Jh 7,38). Wenn der Mensch sich ernährt, wenn er atmet (in der Luft ist eine von der Sonne kommende Essenz verbreitet, die beim Atmen aufgenommen werden kann) und sogar wenn er denkt, versucht er diese Essenz, dieses Öl zu gewinnen.

Wie ich schon sagte, ist diese überaus feine Substanz überall vorhanden. Die Pflanzen suchen nach ihr in der Erde, in der Luft, in den Sonnenstrahlen und bereiten ihren Saft damit. Der Pflanzensaft symbolisiert den lebendigen Strom, der in uns fließt. Wo fließt er? Im Solarplexus. Wenn ihr sehr empfindsam seid und merkt, was in euch vorgeht, könnt ihr mitunter bei Sorgen, Unzufriedenheit oder Ungeduld feststellen, dass etwas in eurem Solarplexus durcheinander geht. Denn er ist der Behälter des lebenden Magnetismus, wenn dieser entflieht, fühlt ihr euch schwach und unfähig zu handeln und euch zu konzentrieren.

Wenn ihr im Gegenteil glücklich und innerlich ruhig seid, fühlt ihr eine Art Entzückung, etwas, das wie eine Quelle in eurem Plexus sprudelt. Er ist der Speicher aller Lebenskräfte und Energieströme; wer ihn täglich aufzufüllen weiß, besitzt eine innere Quelle, aus der er jederzeit die notwendigen Kräfte schöpfen kann.

Hier habt ihr eine gute Übung für den Sonnenaufgang: Während ihr über das Licht und die Wärme der Sonne meditiert, legt eure rechte Hand auf euren Solarplexus und tankt ihn mit Energien und Kraftströmen auf, die euch ein unermüdliches Fortsetzen in eurer Arbeit erlauben.

Anmerkungen

1. Siehe Band 237 der Reihe Izvor »Das kosmische Gleichgewicht – Die Zahl 2», Kapitel 3: »Die 1 und die 0«.
2. Siehe Band 219 der Reihe Izvor »Geheimnis Mensch – Seine feinstofflichen Körper und Zentren«, Kapitel 3: »Das Sonnengeflecht«.
3. Siehe Band 240 der Reihe Izvor »Söhne und Töchter Gottes«, Kapitel 12: »Aus seinem Leib werden Ströme lebendigen Wassers fließen«.

VI

DER MENSCH, ABBILD DER SONNE

I

Wer die Sonne anschaut, sieht zuerst nur die leuchtende Scheibe, die immer dieselbe Form, denselben Durchmesser hat, die beobachtet, gemessen und gefilmt werden kann. Dies ist der Körper der Sonne. Will man jedoch die Ausstrahlungen der Sonne, das Licht, das aus ihrem Zentrum zur Peripherie flutet, studieren, und herausfinden, was es bedeutet und wie weit es sich in den Raum ausbreitet, so ist dies unmöglich, weil es unser Vorstellungsvermögen übertrifft.

Der Mensch ist genau wie die Sonne geschaffen, hat auch einen fest umrissenen, unveränderlichen physischen Körper, aber was weiß man von dem, was er ausströmt: von seinen Gedanken und Gefühlen, von seiner Ausstrahlung und Emanation? Sehr wenig. Die Leute meinen, der Körper sei der ganze Mensch. Aber bald müssen sie alle ihre Anschauungen überprüfen und anerkennen, dass allein die esoterische Wissenschaft wahrheitsgetreu ist, weil sie immer beide Seiten der Wirklichkeit in Betracht zieht: sowohl den objektiv messbaren, materiellen Aspekt der Dinge, der keineswegs vernachlässigt werden darf, als auch den geistig lebendigen Aspekt, die Emanationen und Strahlungen, deren Wesen und Wirkung noch unbekannt sind.

Ich sagte einmal: »Die Planeten und die Sonne berühren uns«... was euch sehr erstaunte, aber es ist tatsächlich so. Die Sonne berührt uns von weitem mit ihren Strahlen. Da wir wie sie geschaffen sind, wirken auch wir durch unsere Gedanken, unsere Seele und Geisteskräfte weit über die Grenzen unseres Körpers hinaus. Wie die Sonne Metalle, Pflanzen, Blumen, Tiere und Menschen beeinflusst, sie durchdringt, erwärmt und nährt, können auch wir aus der Ferne durch unsere Strahlung andere Wesen fördern, bessern, erleuchten und beleben.

Lasst uns jedoch ein bisschen weitergehen: Die wohlbegrenzte, im Himmel sichtbare Lichtscheibe ist der Körper der Sonne. Ihre Ausstrahlungen versinnbildlichen ihre Gedanken, ihre Seele, ihren Geist, die zur Peripherie strömen und überall Reichtum und Überfluss verteilen. Wenn sie sich entladen haben, kehren sie zur Sonnenquelle zurück, tanken sich auf und fluten wieder zu anderen Wesen im All.[1]

In unserem physischen Körper vertritt unser Herz die Sonne; es hat die gleichen Aufgaben wie sie und ist genauso unermüdlich tätig wie sie. Auch wenn die anderen Organe ein bisschen erschlaffen, setzt es unentwegt seine Arbeit fort, denn es kennt nur ein Ziel: helfen, unterstützen, nähren, aufbauen, heilen. Sein ganzes Streben gilt nur dem uneigennützigen, großzügigen, liebevollen Geben. Haben die Menschen aber erkannt, dass sie ein Organ besitzen, das Herz, welches der Vertreter der Sonne in unserem physischen Körper ist?

Die von der Sonne ausgesandten Lichtstrahlen entsprechen folglich dem Blut und enthalten genau wie dies alles, was sämtlichen Geschöpfen des Universums nutzbringend, förderlich, wohltuend und heilsam ist. Wenn dann dieses Blut seine Nähr-, Heil- und Aufbaustoffe abgegeben und sich dafür mit den Unreinheiten beladen hat, kehrt es zu seinem Ausgangspunkt zurück. Es fließt jedoch nicht direkt zum Herzen, zur Sonne, sondern erst durch die Lungen des Weltalls, wo es gereinigt und von Schlacken befreit wird. Der Planet Jupiter hat die Aufgabe der Lungen übernommen. Die Astrologen schreiben ihm zwar eher die Funktion der Leber zu, aber die Leber erfüllt den gleichen Zweck in einem anderen Bereich: Auch sie säubert und reinigt den Organismus von Giftstoffen. Auf Bulgarisch heißt die Leber »tscheren drob«, was wörtlich schwarze Lunge heißt, und die Lungen werden »bel drob« genannt: weiße Lunge. Seht ihr, welch eine großartige Wortverwandtschaft hier existiert! Beide Organe befassen sich in verschiedenen Bereichen mit der Reinigung.

Obwohl die Astrologen die Leber gewöhnlich Jupiter zuweisen, ordne ich sie lieber Saturn zu. Hier kann uns die Mythologie helfen, ihre Beziehungen zu verstehen: Jupiter weilte ursprünglich in der Leber und Saturn in der Lunge. Als Jupiter aber seinen Vater entthronte, bemächtigte er sich der Herrschaft über die Lungen und stieß Saturn in die Leber hinab. Seitdem führt Saturn ein unterirdisches Leben, in den Erdschächten, ähnlich wie die Leber, die unterhalb des Zwerchfells im Dunkeln die Giftstoffe verarbeitet.

Doch lassen wir das und kehren wir zur Sonne zurück. Das aus der Sonne strömende Licht ist also ihr Blut. Sobald die Strahlen von den Planeten und den zahllosen Lebewesen im Universum genutzt worden sind – denn der Weltraum ist von Abermillionen Kreaturen bewohnt, die diese Strahlen auffangen und ihre Nahrung daraus schöpfen – verdunkeln sie sich, verlieren ihren Glanz und ihre Wärme. Dann fließen sie zu Jupiter, wo sie gereinigt werden – auch der Mond und Saturn nehmen an dieser Reinigung teil – und schließlich kehren sie dann zur Sonne zurück, von wo aus sie sich mit neuer Liebe, Weisheit und Wahrheit als frisch aufgeladener Kraftstrom erneut in den Weltraum ergießen.

Im Sonnensystem vollzieht sich demzufolge ein Kreislauf. Das Sonnensystem ist ein lebendiger Organismus, der dank der Sonne, diesem ständig pulsierenden, nährenden Herzen, am Leben erhalten bleibt. Daher gilt das Herz als das Sinnbild der Liebe, der Selbstlosigkeit und Uneigennützigkeit, denn es nimmt im Menschen den Platz der Sonne ein. Gerade das Verlangen zu geben, macht die Sonne so lichtvoll und warm. Nehmt einem Menschen die Liebe, Güte und Hilfsbereitschaft, dann wird sein Gesichtsausdruck stumpf und finster. Seht euch nur einen Menschen an, der einen kranken oder unglücklichen Freund besuchen will, um ihn mit Geschenken zu überraschen und ihm tröstende Worte zu bringen: Sein Gesicht strahlt und ist schön. Beobachtet dagegen die Miene eines Kriminellen, der ein Verbrechen im Sinn hat: Er ist finster, verschlossen, unruhig und erloschen. Ihr solltet diese Sprache verstehen lernen. Je mehr ihr die anderen aufklären, ihnen beistehen und helfen wollt, desto heller wird das Licht in euch und bildet eine herrliche, prachtvolle, weithin leuchtende Aura. Die Sonne gibt uns die wahren Werte, Maßstäbe und die absoluten Gesetzmäßigkeiten. Deshalb suche ich mein Wissen nicht in den gedruckten Büchern; das Buch aller Bücher ist für mich die Sonne!

Findet ihr es nicht erstaunlich, dass die Sonne, die seit Milliarden von Jahren immerzu schenkt und spendet und strahlt, noch nicht erschöpft ist? – Ja, eines wisst ihr nicht: Es gibt ein Gesetz in der göttlichen Liebe: Je mehr einer gibt, desto mehr bekommt er. Im Universum gibt es keinen leeren Raum: Sowie irgendwo eine Leere entsteht, wird sie sofort ausgefüllt. Dieses Gesetz wirkt in allen Bereichen. Wer etwas Klares, Leuchtendes, Wohltuendes gibt, erhält von der anderen Seite Elemente mit denselben Eigenschaften, mit derselben strahlenden Leuchtkraft. Sendet er aber Unsauberes aus, füllt er sich unverzüglich mit Schmutz.

Die Sonne ist deshalb unerschöpflich, weil sie sich in ihrem Verlangen des Schenkens ständig wieder auffüllt. Sie schickt ihre Strahlen aus, aber empfängt gleichzeitig aus dem Unendlichen, Unermesslichen und Absoluten unaufhörlich neue Kräfte.[2] Unermüdlich ergießt sie die Fülle ihres Lichts auf die Peripherie, aber in ihrem eigenen Zentrum nimmt sie die Energien aus dem Absoluten auf. Sie erklärte mir eines Tages Folgendes: »Ich bin ständig mit dem Unendlichen, dem Göttlichen verbunden; da ich nur die reinsten Gedanken und Wünsche hege, ziehe ich auch die allerreinsten Lichtkräfte an. Ihr könnt von mir lernen, was zu tun ist, um vollkommen, unerschöpflich, unermüdlich zu werden. Wenn ihr euch dasselbe Ziel setzt wie ich, wenn es euer Ideal ist, mir zu gleichen und wie ich zu wirken, dann werdet ihr feststellen, dass ihr plötzlich, kurz nachdem ihr für das Wohl anderer Energien ausgegeben habt, mit neuen Kräften aufgeladen seid.« Wie ist das möglich? Das ist ein Geheimnis – jedoch eine Tatsache. Gebt ihr eure Energien hingegen nur für persönliche Zwecke aus, braucht ihr vielmehr Zeit, bis ihr ausgeruht, erholt und wieder bei Kräften seid, und wenn ihr zum Pech noch erkrankt, so dauert es oft Monate und Jahre, bis die Gesundheit wieder hergestellt ist. Geschöpfe mit edlen Gedanken und hohen Idealen erholen sich jedoch weit schneller.

Ihr wendet natürlich ein, es sei ein schwieriges Unternehmen, die Größe und Überlegenheit der Sonne zu erreichen? Das weiß ich wohl; aber wenn die Menschen sich von einer Generation zur anderen bessern, vervollkommnen, läutern und vergeistigen, erlangen sie allmählich die hohen Tugenden der Sonne: Sie werden unermüdlich, unverwundbar, unerschöpflich und immer strahlend wie sie.

Anmerkungen

1. Siehe Band 212 der Reihe Izvor »Das Licht, lebendiger Geist«, Kapitel 2: »Die Sonnenstrahlen: Ihre Natur und ihre Aktivität«.
2. Siehe Band 212 der Reihe Izvor »Das Licht, lebendiger Geist«, Kapitel 1: »Das Licht, Essenz der Schöpfung« und Band 236 der Reihe Izvor »Weisheit aus der Kabbala«, Kapitel 6: »Ain Soph Aur: Licht ohne Ende«.

II

In der esoterischen Wissenschaft heißt es, dass kein böser Geist das Recht hat, dort einzudringen, wo ein Eingeweihter wohnt. Der Weise kann ihnen den Zugang zu seiner Wohnstätte anhand von Schriften verbieten, in denen er sie mit der einen oder anderen Bestrafung bedroht, falls sie das Verbot nicht respektieren. Wenn er eine magische Zeremonie abhalten, eine hohe geistige Arbeit ausführen will, bestimmt er einen Ort dafür, weiht ihn, damit die unreinen Geister dort nicht eindringen können: Er zieht um den ausgewählten Platz einen Kreis, schreibt heilige Namen hinein und kann dann in Ruhe arbeiten.[1] Nur die höheren Geschöpfe dürfen eintreten, die niederen Wesen bleiben schreiend und drohend außerhalb, denn würden sie versuchen einzudringen, würden sie zerschmettert werden.

Ein Wesen, das etwas schaffen will, gleicht einer schwangeren Frau oder einer Vogelmutter, die ihre Eier legen möchte: Sie braucht ein Nest, eine friedliche, zurückgezogene Stätte. Im

Unsichtbaren verhält es sich ebenso: Jeder Geist hat seinen eigenen Platz im unendlichen Raum, jedes Geistwesen bewohnt einen Bereich, der durch bestimmte Schwingungen und Farben, durch eine besondere Quintessenz abgegrenzt ist, eine Sphäre, in die keiner das Recht hat, mit einer feindlichen Schwingung störend einzudringen. Nur die hohen Wesenheiten dürfen überall hin, weil sie nie etwas zerstören.

Überall wo Menschen weilen und wohnen, kommen und gehen, kreisen Milliarden Wesenheiten, ohne dass die Menschen etwas davon merken. Hängt ihr demzufolge kein Schild an die Tür: »Eintritt verboten«, d. h. weiht ihr euer Haus nicht, dann dringen die niederen Geschöpfe durch die offene Tür und plündern euch. Unter solchen Umständen könnt ihr euch nicht bei der göttlichen Gerechtigkeit beschweren, denn man würde euch entgegnen: »Es ist Deine eigene Schuld! Du hättest einen Hinweis »Privatbesitz« oder wenigstens einen kleinen symbolischen Zaun anbringen sollen.«

Solange euer Herz, eure Seele und euer Geist allen Winden offen stehen und ohne Schutz, ohne Heiligung und nicht von Lichtschranken umgeben sind, dürfen die Geister in euch ein- und ausgehen, alles beschmutzen, zerstören und sogar eure Schätze nehmen. Sie können nicht einmal dafür bestraft werden, denn der Besitzer hätte eben Vorsichtsmaßnahmen treffen sollen. Genau wie in früheren Zeiten Städte und Schlösser durch Wassergräben, Wälle und Zugbrücken geschützt wurden, muss auch der Schüler sich mit Wänden, Mauern und Festungen schützen. Die Aura bietet einem Schüler oder Eingeweihten den besten Schutz gegen schlechte Strömungen und finstere Geister.[2] Je leuchtender und breiter sie ist, je reiner ihre Farben, desto sicherer ist er geborgen, denn die Aura hält, gleich einem Schild, einem Panzer, die schädlichen Einflüsse ab. Denkt ihr aber daran, an eurer Aura zu arbeiten? Keineswegs. Ihr erlaubt den Unerwünschten freies Kommen und Gehen, und dann beklagt ihr euch, euer Bestes verloren zu haben, euch abgespannt, traurig und unglücklich zu fühlen.

Seht einmal wie jedes Tier in der Natur auf der Hut ist: Die Vögel, Raubtiere und Insekten schützen sich, damit sie nicht entdeckt und gefangen werden. Warum sollte nur der Mensch so naiv und vertrauensvoll sein und glauben, dass er von keinem Feind bedroht wird und verschont bleibt? Millionen von Wesenheiten sind Tag und Nacht darauf besessen, die Menschheit ins Verderben zu bringen, und haben sich geschworen, sie völlig auszurotten. Glücklicherweise nehmen sich Beschützer der Menschen an! Ihnen ist es zu verdanken, dass die Menschheit noch nicht untergegangen ist. Aber wie viel Leiden und Qualen gibt es!

Hieraus lässt sich schließen, dass ihr an eurer Aura arbeiten solltet. Wie? Indem ihr am Morgen zum Sonnenaufgang geht und zuseht, welche herrliche, wundervoll farbenprächtige Aura die Sonne umgibt und euch sagt: »Ich will mich auch mit den schönsten Farben umhüllen.« Schließt die Augen und stellt euch vor, ihr seid von Violett, dann Blau, dann Grün, Gelb, Orange, Rot umflutet. Oder fangt bei Rot an und steigt bis zum Violett auf, indem ihr einen Augenblick in jeder Farbe weilt. Ihr badet in diesem Lichtmeer und stellt euch vor, dass es weithin strahlt und dass alle Wesen, die sich in dieser Atmosphäre befinden, einen Nutzen daraus ziehen, dass jeder, mit dem ihr verkehrt oder zu dem ihr irgendwie in Kontakt steht, den Segen daraus empfängt.

So dient euch die Aura als Schutz und ist zugleich eine Wohltat für die anderen; dank der Aura könnt ihr vielen helfen. Ich gehe sogar noch weiter und sage: Wenn ein lieber Freund krank oder unglücklich ist und ihr ihm wirklich helfen wollt, dann sendet ihm lichtvolle Farben. Ja, es gibt sehr viele Übungen, die mit der Aura und den Farben ausgeführt werden können!

Anmerkungen

1. Siehe Band 226 der Reihe Izvor »Das Buch der göttlichen Magie«, Kapitel 2: »Der magische Kreis: die Aura«.
2. Siehe Band 309 der Reihe Broschüren »Die Aura, unsere geistige Haut«.

VII

DIE GEISTER DER SIEBEN LICHTER

Im Buche Sohar steht geschrieben: »Sieben Lichter weilen im Höchsten; dort wohnt der Älteste der Alten, der Geheimnisvollste der Geheimnisvollen, der Verborgenste der Verborgenen: Ain Soph.«[1]

Es gibt sieben Farbstrahlen: Rot, Orange, Gelb, Grün, Blau, Indigo und Violett. In Wirklichkeit sind dies die sieben kosmischen Geister. Die durch das Prisma aufgefächerten Lichtstrahlen haben daher auch einen symbolischen Wert.

Betrachtet man das Sonnenlicht durch ein Prisma, erblickt man eine reiche Farbenpracht. Wie kommt es, dass sich das Licht, das 1 ist, beim Durchqueren des Prismas, das 3 ist, in 7 Farben aufteilt? 1, 3, 7. Dieser Vorgang beschäftigte mich schon von Jugend an, und ich freute mich jedes Mal, wenn ich sah, welchen Reichtum, welche Schönheit und Reinheit das Sonnenlicht besitzt. Damals erkannte ich, dass der Mensch ebenfalls ein Prisma, eine Dreiheit ist. Wenn sich das Licht vollständig in die 7 Farben brechen soll, müssen die 3 Seiten der Schnittfläche des Prismas durchsichtig, aber auch gleich groß sein. Ebenso muss auch der Mensch sein eigenes Dreieck (Verstand, Herz, Wille) gleich stark entfalten, damit das von Gott kommende Licht, das Sonnenlicht, ihn durchfluten und sich in seiner Pracht der 7 Farben offenbaren kann.

Nur den Lernenden und Eingeweihten, die ihr Denken geschult haben, die ihr Herz in der wahren Liebe und Einfühlung geübt haben und die stark geworden sind, weil sie gekämpft und kraft ihres Willens das Negative besiegt haben, nur ihnen gelingt es, das Licht in sieben Farben aufzufächern, wodurch ihre Aura breit, farbenreich und klar wird. Bei denen, deren Dreieck (Verstand, Herz und Wille) ungleich entwickelt ist, treten nur zwei oder drei Farben hervor, die anderen fehlen. Wenn sie aber zu ihrem Unglück dieses Dreieck verformen, wird ihr Verstand tückisch, listig und aggressiv, ihr Herz hasserfüllt, boshaft, grausam, rachsüchtig und sinnlich, und ihr Wille dient dann der Zerstörung und Vernichtung; dann fehlen ihrer Aura nicht nur die lebendig funkelnden Farben, sondern sie weist zudem noch schreckliche Missbildungen auf.

In der Einweihungswissenschaft wird die rote Farbe der Lebensgeist genannt. Ihre Schwingungen verbinden den Menschen mit dem Geist des Lebens. Ihre Einwirkungen beleben und steigern die Vitalität. Rot hat jedoch Tausende von Nuancen: Liebe, Sinnlichkeit, Tatkraft, Trunksucht, Wut, usw.

- Orange, der nächstfolgende Geist, ist der Geist der Heiligkeit. Diese Farbe verbindet euch mit dem Heiligtum, aber auch sie hat viele Abstufungen: Individualismus, Stolz und Überheblichkeit; ein anderes Orange fördert die Gesundheit, ein weiteres vermittelt und bestärkt den Glauben. Orange ist aber vor allen Dingen die Farbe der Heiligkeit und der Gesundheit.
- Das goldgelbe Licht ist der Geist der Weisheit. Seine Schwingungen verbinden den Menschen mit der Vernunft und der Weisheit; sie drängen ihn zu lesen, meditieren, denken, ergründen und sich vernünftig und umsichtig zu zeigen.
- Die grüne Farbe ist der Geist der Ewigkeit und der Entfaltung. Grün ist der Farbton des Gedeihens, der Entwicklung, aber auch des Reichtums. Er entspricht der Hoffnung und ermöglicht den Fortschritt des Menschen.
- Blau ist die Farbe des Geistes der Wahrheit. Sie steht in Beziehung zu Religion, Frieden und Musik. Das Blau fördert den Sinn für die Musik, beruhigt das Nervensystem, heilt die Lungen und wirkt wohltuend auf die Augen, die das Symbol der Wahrheit sind.
- Indigo ist der Geist der Kraft und der Königswürde. Sie enthält fast die gleichen Eigenschaften wie das Blau.
- Violett ist der Geist der göttlichen Allmacht und der geistigen Liebe, der Geist der Aufopferung. Sie ist eine mystische, sehr feinstoffliche

und mächtige Farbe, die den Menschen schützt und ihm das Heraustreten aus seinem Körper ermöglicht, um in die anderen Welten einzutauchen und die ihm erlaubt, die Liebe Gottes zu begreifen. Aber für die Pflanzen ist sie gar nicht vorteilhaft.

Als ich 15 oder 16 Jahre alt war, beschäftigte ich mich sehr mit den Farben; ich stellte sie mir nicht nur vor und meditierte darüber, sondern bestrich die Fenster meines Zimmers damit, um ihre Wirkungen zu ergründen. Ich malte die Scheiben erst rot an, dann orange usw. In diesem von farbigem Licht durchfluteten Zimmer meditierte ich und beobachtete einige Tage hindurch, wie die Farbe auf mich wirkte. Dann wusch ich die Scheibe wieder ab und trug eine andere Farbe auf. Ihr könnt euch ja denken, wofür meine Eltern und die Nachbarn mich hielten! Sie dachten, ich sei verrückt geworden! Ich aber fuhr mit dem Studium der Farben unbeirrt fort. Mit Violett entschwebte ich in die andere Welt. Ich lud auch Freunde ein, um nachzuprüfen, welche Wirkung diese Farbe auf sie ausübte – sie schliefen alle ein! Und die Blumen welkten! Aber Violett ist eine Farbe, die ich sehr gern habe.

Leuchtet das Rot in der Aura nicht rein und klar, so zeigt dies an, dass sich der betreffende Mensch der Wut, Trunksucht, Sinnlichkeit hingab. Jedes einzelne dieser Laster hat eine andere

Rotfärbung, was für die Hellseher sichtbar ist. Rot war übrigens schon immer mit Blut und mit Krieg verbunden. Es ist ein schöner Farbton, nur muss er so rein sein, dass er mit Weiß vermischt ein lichtvolles Rosa ergibt.

Rosa drückt ebenfalls eine Nuance der Liebe aus. Weiß führt dem Rot Reinheit und Harmonie, etwas Besänftigendes zu, ohne Gewalt oder Egoismus. Hierdurch wird die Liebe vernünftig, wird aus Liebe Zärtlichkeit. Deshalb ist Rosa das Sinnbild der Zärtlichkeit und des Feingefühls. Ich rate denjenigen, die zu sinnlich und vital sind, an die weiße Farbe zu denken oder Menschen aufzusuchen, die viel Weiß in sich tragen, das heißt rein und ehrenhaft sind. Dann findet eine Mischung statt: Das Rot wandelt sich in Rosa und sie werden nicht länger durch die gewaltige Rotkraft in ihrem Wesen belästigt und geplagt. Rosa wirkt auch wohltuend auf den Verstand. Von einem Optimisten wird gesagt, er sehe das Leben durch eine rosarote Brille. Wer das Leben rosarot sieht, dessen Geist ist nicht durch Sorgen und trübe Gedanken belastet; er sieht das Leben mit heiteren, glücklichen Augen an.

Bei der anderen Farben kann man dasselbe bemerken. Es gibt Blautöne, die darauf hinweisen, dass der Mensch seinen Glauben verloren hat oder nicht mehr in der Wahrheit und im Frieden lebt. – Wenn das Gelb unrein oder glanzlos ist, beweist dies, dass es dem Menschen an Vernunft,

Einfühlung und Fassungsvermögen mangelt, dass auf sein Denken kein Verlass ist. Aber ich will mich jetzt nicht länger damit aufhalten, denn ich habe euch noch anderes zu sagen. Merkt euch einstweilen nur, dass die sieben Geister vor dem Ewigen stehen: der Geist des Lebens, das Rot; der Geist der Heiligkeit, das Orange; der Geist der Weisheit, das Gelb; der Geist der Ewigkeit, das Grün; der Geist der Wahrheit, das Blau; der Geist der Kraft, das Indigo; der Geist der Selbstaufopferung, das Violett.

Durch das Vermischen zweier Farben könnt ihr eine dritte herstellen. Violett und Orange ergeben zusammen Rot; Rot und Gelb ergeben Orange; aus Orange und Grün wird Gelb usw... Jede dieser Farben ist das Kind von zwei anderen, die sozusagen deren Vater und Mutter sind. Wenn ihr aber nicht wisst, welche Farben ihr miteinander vermischen dürft, könnt ihr keine guten Resultate erzielen. Warum nicht? Weil es unter den Farben Gegensätze und Ergänzungen gibt; und dieselben Gegensätze und Ergänzungen treten auch bei den Planeten auf, die diesen Farben entsprechen.

Rot wird dem Planeten Mars zugeschrieben. Mars ist feurig, heftig, zerstörerisch; er ist das männliche Prinzip im wahrsten Sinne des Wortes, aber nur in einem ganz bestimmten Bereich. Sonne und Jupiter sind (obwohl die Sonne ja eigentlich kein Planet ist) ebenfalls männliche Planeten – aber in unterschiedlichen Bereichen. Grün entspricht dem Planeten Venus. Die Menschen, bei denen Rot vorherrscht, sind von denen stark angezogen, bei denen Grün dominierend ist, denn sie bringen sich gegenseitig zur Geltung und das ist wunderbar, doch wenn sie sich miteinander verbinden und verschmelzen, bringen sie Ungeheuer zur Welt. Sie dürfen ruhig miteinander spazieren gehen, plaudern, sich anschauen und sich gegenseitig anregen, aber sie dürfen sich nicht miteinander verschmelzen, weil Grün und Rot vermischt eine schmutzige Farbe ergeben. Mit Orange und Blau verhält es sich genauso: Aus ihrer Vermischung entsteht eine widerliche Farbe, aber nebeneinander sind sie ausdrucksvoll und steigern ihre gegenseitige Leuchtkraft. Dem Blau entspricht der Planet Jupiter, dem Orange die Sonne; diese beiden Planeten sind positiv und dürfen deshalb keine eheliche Bindung miteinander eingehen.

Wie steht es mit Gelb und Violett? Auch sie dürfen nicht gemischt werden. Das Gelb entspricht dem Planeten Merkur, und das Violett wird von der Kabbala dem Mond zugeschrieben, obwohl man ihn gewöhnlich mit dem Weiß verbindet. Überlässt man dem Mond die weiße Farbe, dann gibt man Neptun das Violett, denn dieser Planet ist in einer höheren Sphäre mit dem Mond identisch, genau wie Uranus auf höherer Ebene dem Merkur entspricht.

Ihr werdet die Verhältnisse der Planeten zueinander besser verstehen, wenn ihr sie auf dem Sephirothbaum eingetragen seht.[2]

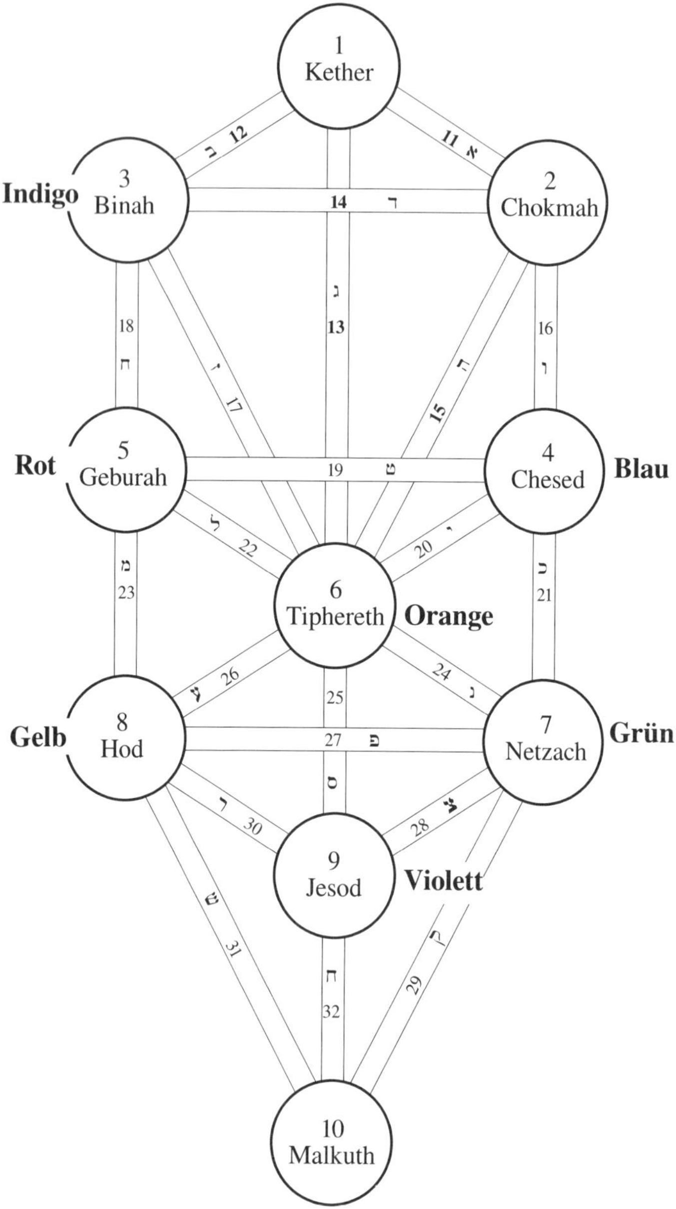
1 Kether
2 Chokmah
3 Binah
Indigo
4 Chesed
Blau
5 Geburah
Rot
6 Tiphereth
Orange
7 Netzach
Grün
8 Hod
Gelb
9 Jesod
Violett
10 Malkuth
11 א
12 ב
13 ג
14 ד
15 ה
16 ו
17 ז
18 ח
19 ט
20 י
21 כ
22 ל
23 מ
24 נ
25 ס
26 ע
27 פ
28 צ
29 ק
30 ר
31 ש
32 ת

Merkur (Hod) steht dem Uranus (Chokmah) und auf der anderen Achse Venus (Netzach) dem Saturn (Binah) gegenüber. Auf der Mittelsäule steht der Mond (Jesod) Neptun (Kether) gegenüber. Waagerecht steht der auf der Säule der Strenge befindliche Mars (Geburah) dem auf der Säule der Barmherzigkeit stehenden Jupiter (Chesed) gegenüber. Ich werde euch eines Tages diese Verbindung erklären; dann werdet ihr sehen, dass z. B. Venus und Saturn in unterschiedlichen Sphären beinahe die gleichen Äußerungen zeigen. Dies wird vielleicht allem widersprechen, was ihr bisher gelernt habt, aber ihr werdet erkennen, wie auf der gleichen Linie der Liebe, die Liebe von Venus die Vernunft von Saturn wird und wie auf der anderen Linie das konkrete Denken von Merkur, dessen Urteilskraft, Beredtsamkeit und Geschäftssinn oben die Weisheit von Uranus wird.

Über diese Entsprechungen finden sich in der esoterischen Literatur noch nicht viele Aufschlüsse, aber durch die Gnade des Himmels sind mir eine große Anzahl davon offenbart worden. Die Sephiroth sind nicht zufällig in dieser Weise auf dem Baum des Lebens eingetragen; es gibt geometrische Beziehungen zwischen ihnen, die sehr bedeutungsvoll sind – aber diese Dinge liegen euch noch fern, und es ist im Augenblick auch gar nicht nötig, dass ihr an diese abstrakten, philosophischen Begriffe herangeht. Heute behaltet nur diese wenigen Hinweise auf die Farben, damit ihr wirksam an eurer geistigen Entwicklung arbeiten könnt! Wählt jeden Tag eine neue Farbe; ihr könnt mit Rot beginnen, das der Erde am nächsten steht und zu Orange, Gelb, Grün usw. übergehen. Oder umgekehrt mit Violett beginnen. So steigt ihr nach Belieben auf und ab.

Die rote Farbe liegt der Erde am nächsten, deswegen ist der Sockel unseres Speisesaals und der meisten unserer Gebäude rot, der obere Teil dagegen blau angestrichen. Der Himmel ist blau und die Erde ist rot. Im Hebräischen heißt der erste Mensch Adam und der Ort, wo er wohnte, Eden; die Erde heißt Adamah und die rote Farbe Adom. Die Worte rot, Erde, Mann und Eden entstammen im Hebräischen derselben Wurzel. Daher wird in der Kabbala Adam »der rote Mann« genannt. Aber der alte Adam muss sterben und dem neuen Menschen, Christus, der durch die blaue Farbe symbolisiert wird, weichen.

Die Wandlung von rot in blau hatten sich die Alchimisten zur Aufgabe gestellt. Dies bedeutet, dass alles Grobe, Gewalttätige und Tierische im Menschen veredelt und vergöttlicht werden soll. Rot und blau sind die beiden entgegengesetzten Pole. Wenn ihr von einer Farbe zur anderen gelangen wollt, fragt die Alchimisten um Rat; sie werden euch sagen, dass Ihr mit Säure und Base arbeiten müsst. Wisst ihr mit den beiden Prinzipien, Männlich und Weiblich, umzugehen, seid ihr in der Lage, die Farben zu verändern, das heißt, durch das Hinzufügen einiger Tropfen Säure oder Base blau in rot und rot in blau zu verwandeln. Die Chemie liefert den Beweis für die Richtigkeit der Anweisungen in der Religion – aber die Geistlichen wissen das nicht... und die Chemiker auch nicht! Dies sind für sie rein materielle Vorgänge, über die sie nicht weiter nachdenken. Die Wissenschaftler begnügen sich damit, die Tatsachen festzustellen, forschen aber nicht weiter nach deren Ursachen und Bedeutung. Aber mir gefällt es, euch die Dinge zu interpretieren!

Wir sind also der rote Adam, der Christus den Platz überlassen soll. Diese Wandlung ist möglich, sie ist das Ziel der Religion. Adam, der alte Mensch, der den Leidenschaften (rot) unterliegt, muss Christus, dem neuen Menschen weichen, der in der Wahrheit, im Frieden und in der Harmonie (blau) ist.[3] Selig sind diejenigen, die verstehen! Selig die, die dem Lichte folgen!

Ich schließe, indem ich die Worte aus dem Sohar wiederhole, die ich sehr gern habe und oft im Stillen spreche: »Sieben Lichter weilen im Höchsten; dort wohnt der Älteste der Alten, der Geheimnisvollste der Geheimnisvollen, der Verborgenste der Verborgenen: Ain Soph!« – Es ist wundervoll! Auch ihr könnt diese Worte öfters aussprechen – und es werde Licht! Mögen von nun an alle im Licht, mit dem Licht und für das Licht wirken!

Anmerkungen

1. Siehe Band 236 der Reihe Izvor »Weisheit aus der Kabbala«, Kapitel 6: »Ain Soph Aur: Licht ohne Ende«.
2. Siehe Band 236 der Reihe Izvor »Weisheit aus der Kabbala«, Kapitel 2: »Darstellung des Lebensbaumes«.
3. Siehe Band 241 der Reihe Izvor »Der Stein der Weisen«, Kapitel 13: »Die Entfaltung des göttlichen Keims«.

VIII

DIE SONNE ALS VORBILD

I

Lesung des Tagesgedankens:

»Die Sonne zum Vorbild zu nehmen, ist das höchste Ideal, das es gibt. Wer einen Wissenschaftler, Philosophen oder selbst einen Helden, Heiligen oder Eingeweihten nachahmen will, empfängt zweifellos einige Teilchen von deren Tugenden, aber diese Elemente sind nie so zahlreich und von so reiner Qualität wie die, die von der Sonne kommen, wenn er sie als Vorbild nimmt.

Die Sonne ist das Bild der Vollkommenheit, und wenn ihr sie als Wegweiser nehmt, wenn ihr genau wie sie immer ans Erleuchten, Wärmen und Beleben der Wesen denkt, dann werdet ihr euch grundlegend ändern. Auch wenn ihr nie das Licht, die Wärme und das Leben der Sonne erreicht, versetzt euch das alleinige Verlangen danach schon in himmlische Sphären, wo ihr tatsächlich Großartiges vollbringt. Die Geschöpfe erleuchten, wärmen und beleben zu wollen, wird euch selbst lichtvoller, warmherziger und lebendiger machen.«

Dies ist wieder einmal ein Thema, das manche ein bisschen schockieren und andere ein wenig erstaunen wird. Die Sonne als Vorbild nehmen! Jeder wird mir sagen: »Hören Sie mal, das ist unglaublich, die Sonne ist doch kein verständnisvolles, bewusstes Wesen!« Ja, gerade hier irren sie sich.

Gewiss, die Sonne gibt den Anschein eines Feuerballs; und der Mensch, welchen Anschein gibt er? Ein Körper, der wie eine Maschine funktioniert. Und das Universum ist auch eine Maschine? Es gibt sogar geniale Schlauköpfe auf Erden, die behaupten, dass die Welt ein Werk des Zufalls sei. Aber ist es nicht komisch, dass dieser Zufall so unwahrscheinlich intelligent und dermaßen scharfsinnig ist?

Eine Maschine funktioniert auch nicht von allein, sie muss von jemandem in Betrieb gesetzt werden. Es gibt kein Gerät, das sich ohne das Dazutun irgendeines Verstandes in Bewegung setzt.

Jede Materie muss von einem Geist belebt werden. Deshalb ist die Ansicht falsch, die Sonne sei nur ein glühender Ball. Sie ist eine wunderbare Erde[1], die von den höchst entwickelten Wesenheiten, die über die Planeten regieren, bewohnt ist. Die Schwingungen dieser hohen Geschöpfe verwandeln sich im Raum in Wärme und Licht. Auf der Sonne selbst herrscht eine äußerst angenehme Temperatur. Aber wer wird mir so etwas glauben? Vielleicht die Kinder.

Wenn ich sage, dass man die Sonne zum Vorbild nehmen soll, erniedrige ich damit keineswegs die hohen Meister der Menschheit, denn auch sie nahmen sie zum Vorbild. Da sie ja die ganze Welt mit ihrer Weisheit erleuchteten, die Herzen mit ihrer Liebe erwärmten und jeden mit ihrem reinen Dasein belebten, beweist dies, dass sie die Sonne zum Vorbild nahmen. Wenn die Sonne übrigens fortwährend ihr Licht und ihre Wärme ausstrahlt, wenn sie ohne Unterlass das Leben im Universum aufrechterhält, bedeutet dies, dass auch sie einem Vorbild gleichen will: dem Herrn.

Das Nachahmen ist eine Neigung, die dem Menschen und auch allen anderen Geschöpfen angeboren ist. Die Frage ist nur, wen man nachahmen will? Einen Filmschauspieler oder eine Schauspielerin, einen Fußballhelden usw... Keiner hat den rechten Maßstab dafür, wie er sein Modell wählt, und vor allem weiß keiner, wie wichtig die Frage des Vorbilds im geistigen Leben ist. – Ihr habt einen Freund: Schon aus dem alleinigen Verkehr mit ihm, nehmt ihr Teilchen von ihm auf, er übergibt euch etwas von seinen Tugenden und Schwächen; auf diese Weise passt ihr euch unbewusst an ihn an. Ebenso könnt ihr beim »Verkehren« mit der Sonne, bei der täglichen Entzückung über ihre Güte, ihre Klarheit, ihre Macht und über ihre strömende Lebenskraft nach einiger Zeit feststellen, dass eine Wandlung in euch, in euren Zellen auftritt: Etwas in euch beginnt anders zu schwingen, ihr werdet lichtvoller, warmherziger und lebenspendender.

Wenn ihr auf eure Umwelt einen günstigen Einfluss ausüben wollt, dann verbindet euch jeden Tag mit der Sonne und fangt einige Teilchen von ihr auf, die ihr dann an die anderen weitergeben könnt. Nur die Sonne kann euch die beste Gesinnung den Menschen gegenüber verleihen. Solange man kein warmherziges, lichtvolles Vorbild hat, überlässt man sich seinen niederen Trieben. Seht einmal, wie es in der Welt zugeht: Man sieht nur Leute, die die anderen ausnutzen, unterdrücken, beiseite drängen wollen. All das ist gar nicht ruhmvoll! Die Sonne gibt euch hingegen das Bild eines strahlenden, weitherzigen Wesens, und ihr werdet von ihr beeinflusst. Selbst wenn wir annehmen, sie sei nach unseren Maßstäben kein verstandesfähiges, vernünftiges Wesen, so kann ihr Licht und ihre Wärme uns dennoch nur großzügigere Gedanken und brüderlichere Einstellungen eingeben.

Gewiss, es hat schon immer außergewöhnliche Menschen gegeben, die ein großes Vorbild der Reinheit, Güte, Aufrichtigkeit und des Verstandes waren. Aber die Vollkommenheit ist etwas anderes. Die Vollkommenheit setzt eine perfekte Entfaltung dieser drei Faktoren voraus, die der Verstand, das Herz und der Wille sind, was äußerst selten zu finden ist.[2] Es gibt außergewöhnlich gelehrte und intelligente Menschen, die jedoch keine Nächstenliebe besitzen. Andere sind voller Liebe, haben aber keine Willenskraft usw. Das Leben zeigt uns ständig Menschen, die auf manchen Gebieten sehr bedeutende Talente aufweisen und auf anderen Gebieten eingeschränkt sind. Die Sonne zeigt uns hingegen das ideale Bild der Vollkommenheit. Ihr Licht lehrt uns, dass sie alles weiß. Ihre Wärme zeugt von ihrer Liebe und das Leben, das sie im ganzen Universum verbreitet, weist auf ihre Allmacht hin.

Wer Erfahrungen gewinnen, einen Beruf erlernen will, der geht bei demjenigen in die Lehre, der den entsprechenden Beruf ausübt, sagen wir Büttner oder Barbier. Bei ihnen lernt man das Fässermachen oder Bartschneiden. Wer jedoch die Unsterblichkeit, das ewige Leben gewinnen will, der fragt die Toten! Den, der lebendig ist, fragt keiner. Seht, so ist der Verstand der Menschen: Sie wollen in den Büchern der Toten das Leben lernen! Sie gehen nicht zur Sonne! Die Sonne dient nur zum Beleuchten und Wärmen, und nun will man sie hauptsächlich als Energiequelle ausnutzen, sie in Flaschen einmachen und verkaufen. Geht hin und sagt den Physikern und Ingenieuren, sie sollen die Sonne als Vorbild nehmen! Sie werden euch auslachen! Aber ihr, wenn ihr mir glaubt und die Sonne über all eure Beschäftigungen stellt, dann werdet ihr selbst erkennen, wie sehr sie euch erleuchten, anregen, heilen kann.

Ich rede und rede, aber ich weiß genau, dass viele weiterhin einen unbedeutenden Mann oder ein junges, belangloses Mädchen zum Vorbild nehmen werden. Ihr wendet ein: »Also dürfen wir nicht einmal mehr einen Freund oder eine Freundin haben?« Selbstverständlich dürft ihr das, aber gerade in eurer Liebe solltet ihr die Sonne als Vorbild nehmen. Sucht sie auf, füllt euch mit ihrem Licht, daraufhin könnt ihr euren Liebling küssen, und dann werdet ihr den großen Unterschied erkennen. In Wirklichkeit wäre es besser, nicht zu küssen, aber wenn euch wirklich so viel daran gelegen ist, dann tut es wenigstens erst nachdem ihr mit Licht, Wärme und Reinheit gefüllt seid.

Selbst ich habe euch nie geraten, mich als Vorbild zu nehmen, sondern habe euch schon immer gesagt, dass ich nur ein Wegweiser bin, ich blicke in die Sonne und zeige mit dem Finger auf sie, damit ihr diese Richtung einnehmt, denn sie kann euch alles schenken, aber ich, was kann ich euch schon geben? Ich kann euch nur zur Sonne, dem besten Abbild der Vollkommenheit, mitnehmen.[3]

Die meisten Menschen bilden sich ein, es gäbe nichts Höheres und Ehrenvolleres als ihre Arbeit, ihren Beruf. Eben nicht, ich finde, es gibt nichts, was sich mit diesem noch unbekannten Beruf, von dem keiner etwas ahnt, vergleichen lässt: zu werden wie die Sonne, die alle Geschöpfe erleuchtet, erwärmt und belebt. Ja, die Sonne als Vorbild zu nehmen und genau wie sie zu strahlen, zu wärmen und zu beleben. Gewiss, das ist gar nicht so einfach; selbst in mehreren Jahrhunderten wird es euch nicht gelingen. Aber allein dieses Ideal wird derartige Umwandlungen in euch hervorrufen, dass ihr innerlich wahrhaftig ein Widerschein der Sonne werdet und die Leute sich in eurer Gegenwart lichtvoller, warmherziger und lebendiger fühlen werden.

Es gibt unzählige Berufe in der Welt, vor allem seit einigen Jahren sind unwahrscheinlich viele neue Tätigkeiten aufgetreten. Aber keine lässt sich mit der Arbeit desjenigen vergleichen, der wie die Sonne werden will. Keine andere Beschäftigung kann tatsächliche Befriedigung geben. Denn seht einmal, was immer ihr auch unternehmt, eure Handlung ist begrenzt. Ihr mögt Chemiker, Astronom, Musiker, Maler, Rechtsanwalt, Notar sein... gewiss ist ein Teil eures Wesens durch euren Beruf erfüllt, aber weder eure Wissenschaft noch eure künstlerischen Veranlagungen können die Probleme des täglichen Lebens lösen (mit eurer Frau, euren Kindern, euren Freunden oder eurer Gesundheit).

Wer sich bewusst der Sonne nähert, mit dem Verlangen ihr zu gleichen, der schenkt am Ende wirklich ihr Leben, ihre Wärme, ihr Licht, was die anderen spüren und sie anzieht. Wie könnte man nicht zu jemandem gehen wollen, bei dem man sich belebt, erwärmt und erleuchtet fühlt? Dagegen meidet man kaltherzige, fade, leblose Leute oder wenn man mit ihnen trotzdem verkehren muss, bleibt man ihnen gegenüber verschlossen. Seht einmal, wie sich die Blumen bei Nacht schließen und bei Sonnenlicht öffnen. Die Blumen erzählen und lehren uns vieles, sie sagen: Ihr könnt die Herzen nur mit Wärme und Licht öffnen. Aber wer versteht die Sprache der Blumen?

Nehmt die Sonne als Vorbild. Ihr solltet euch auch tagsüber, wenn ihr sie nicht mehr vor euch seht, beobachten, euch analysieren und fragen: »Strahle ich, verbreite ich Licht? Erwärme ich die Wesen, lasse ich ihre Herzen aufgehen? Bringe ich ihnen Leben?« Ja, diese Frage solltet ihr euch zu jeder Tageszeit stellen, denn dies ist der Schlüssel zu eurer Vervollkommnung.

Anmerkungen

1. Siehe Band 32 der Reihe Gesamtwerke »Die Früchte des Lebensbaums«, Kapitel 20: »Das Land der Lebendigen«.
2. Siehe Band 218 der Reihe Izvor »Die geometrischen Figuren und ihre Sprache«, Kapitel 3: »Das Dreieck«.
3. Siehe Band 207 der Reihe Izvor »Was ist ein geistiger Meister?«.

II

Die höchste Lehre, die uns die Sonne gibt, liegt in ihrer Liebe zu allen Geschöpfen. Sie kümmert sich nicht darum, wen sie bestrahlt; sie bescheint jeden ohne Unterschied, ob er klug oder dumm, gut oder kriminell ist, ob er ihren Segen verdient oder nicht. Gerade hierin ist sie einzigartig! Selbst die außergewöhnlichsten Wesen, die auf der Erde lebten, hatten einige Voreingenommenheiten, einige Bevorzugungen und sogar einige Feindseligkeiten. Sogar die höchsten Propheten, selbst die größten Meister haben sich nicht völlig davon lösen können, das Gesetz der Gerechtigkeit anzuwenden und die Bösen zu bestrafen.

Warum gibt die Sonne allen ohne Unterschied – den Verbrechern genauso wie den Gerechten und Heiligen – ihr Licht, ihre Wärme, ihr Leben? Ist sie blind, sieht sie die Verbrechen nicht? Ist sie nur ein mechanisches Ding ohne Verstand, ohne Unterscheidungsvermögen, das die Güte oder Bosheit, die Rechtschaffenheit oder Lügerei wenig interessiert? Nein, die Sonne sieht die Fehler und

Verbrechen der Menschen viel besser als irgendein anderer, aber diese sind im Verhältnis zu ihrem unermesslichen Licht und ihrer Wärme ganz klein und unbedeutend. Was uns ungeheuerlich und schrecklich erscheint, ist für sie nur ein kleiner Fehler, eine kleine Zerstörung und Beschmutzung. Sie beseitigt, reinigt, richtet alles wieder auf und hilft den Menschen weiterhin mit unbegrenzter Geduld, bis sie zur Vollkommenheit gelangen.

Nun fragt ihr euch: »Wozu diese Großzügigkeit? Welche Einstellung mag die Sonne dazu veranlassen?« Das werdet ihr gleich sehen. Sie hat nämlich vom Menschen eine ganz bestimmte Vorstellung, sie sieht die Ewigkeit und Unsterblichkeit seiner Seele und weiß genau, dass die Menschheit bis jetzt noch eine unausgereifte, harte, saure Frucht ist. Die Sonne, die es so gut versteht, das Obst der Bäume reifen zu lassen, indem sie es allmählich mit Süße und Geschmack erfüllt, bis es köstlich schmeckt, will die Menschen ebenfalls der Reife entgegenführen. Da ihr aber bewusst ist, dass sie für die Menschen eine längere Zeit benötigt, als für die Bäume und Früchte, hat sie beschlossen, geduldig zu sein. Sie weiß, dass selbst ein Verbrecher, der mit Wärme umgeben wird, eines Tages von seinen Untaten angewidert und seiner selbst überdrüssig wird, sich dann ihren wohltuenden Einflüssen öffnet... und zu einem liebenswerten, zartfühlenden Wesen, einem Dichter, Musiker, einem Wohltäter der Menschheit wird.

Die Sonne gibt die Menschen nicht auf, denn sie weiß, dass deren geistige Entwicklung in Frage gestellt wäre, wenn sie sich ihrer nicht annimmt und es dann auf Erden keine reifen Früchte, keine Heiligen, Propheten und Gottheiten mehr gäbe. Die Sonne erwärmt und erleuchtet die Menschheit unentwegt, weil sie Ursache und Wirkung, Anfang und Ende und den Weg der Entwicklung kennt.[1] Sonst würde sie verärgert, verschlossen und finster sein, und dann wäre es aus mit den Menschen. Dadurch, dass die Sonne immer scheint, beweist sie, dass sie den Zweck ihrer Arbeit und das Endziel der Schöpfung kennt; sie steht den Menschen bei, bis diese ihre geistige Reife erlangen.

Für die Sonne sind wir Samen, die im geistigen Boden keimen: Mit Hilfe ihrer Strahlen könnten wir derartig farbenfrohe, herrlich duftende Blumen abgeben, dass sich sogar die Gottheiten daran entzücken. Was ist schon eine Blume? Sie kann weder singen noch tanzen, noch Geige spielen und trotzdem sind die Sänger, Tänzer und Musiker von ihr beglückt. Also warum sollten sich die weit über uns stehenden Gottheiten nicht auch an uns entzücken, wenn wir es verstünden Blumen zu sein. Sie würden sagen: »Oh, wie nett diese Blumen sind!« Sie würden sich um uns kümmern, damit wir noch reiner, lichterfüllter und noch duftender werden.

Seht ihr, all dies weiß die Sonne, deshalb ist sie die Einzige, die den Menschen unermüdlich Gutes tut. Alle anderen ermüden, schließen ihren Laden und verschwinden von der Oberfläche: begraben! Die Sonne ist jedoch immer noch strahlend, triumphierend an ihrem Platz und sagt: »Kommt zu mir, nährt und tränkt euch bei mir. Ihr habt Dummheiten angestellt? Das nehme ich euch nicht übel. Die Menschen sind egoistisch, grausam, rachsüchtig; wenn sie euch erwischen, weiß ich nicht, was aus euch wird. Aber ich, ich tue euch kein Leid an, kommt und lasst euch von meinen Strahlen durchdringen... ich schenke euch noch mehr!« Folglich würde man ein besserer Mensch werden, wenn man sich die Sonne als Ideal, als Modell nehmen würde. Bei ihr findet man den Mut und kann die Schwierigkeiten und Enttäuschungen, die man bei den Menschen antrifft, vergessen. Wer die Einstellung der Sonne annimmt, wird eine Gottheit und verliert nie seine Geduld. Alle anderen geben nach einiger Zeit auf und sagen: »Geht weg, ich kann euch nicht mehr sehen! Ich habe alles für euch getan, was in meinen Kräften stand, nun bin ich erschöpft. Geht fort!« Aber die Sonne ermüdet nie. Begreift ihr jetzt, warum ich euch zur Sonne führe? Weil nur sie allein euch edle und göttliche Gesinnungen eingeben kann.[2]

Ich wollte die Philosophie der Sonne besser verstehen, deshalb habe ich mich eines Tages mit ihr verabredet. Ja, wir haben uns in einem Lokal getroffen, haben ein Gläschen bestellt, und dann habe ich sie gefragt: »Oh, liebe Sonne, ich möchte

Dich um eine Antwort bitten, denn eines ist mir in meinem Herzen noch nicht klar: Wie kommt es, dass Du so derartig lichtvoll bist?« – »Weil ich vor Liebe brenne«, sagte sie, »und Liebe lässt das Licht aufflammen.« – »Aber erkläre mir doch bitte, wie Du die Menschen weiterhin lieben und erleuchten kannst, wo Du doch viel besser als irgendeiner weißt, wie schlecht sie sind?« – »Oh, weißt Du, ich kümmere mich schon lange nicht mehr darum zu wissen, wie sie sind. Ich befasse mich nur mit mir selbst. Mir macht es Spaß, die Wärme meiner Liebe auszustrahlen, deshalb tue ich es ununterbrochen und habe selbst meine Freude daran. Ob die Menschen mich dafür schätzen oder nicht, ist mir ganz egal, und ich rate Dir das Gleiche zu tun, denn wenn Du berücksichtigen wolltest, was die Menschen sind, dann könntest Du es bei ihnen nicht aushalten.«

Ich habe mich also entschlossen, die Sonne nachzuahmen, und deshalb kann ich meine Arbeit fortsetzen. Denn wenn ihr euch einbildet, dass mich viele schätzen und mir helfen wollen, dann irrt ihr euch. Es gibt viele, die ich störe und die mich gerne loswerden wollen. Ihr könnt mir glauben, wenn man sieht, wie falsch, boshaft, eigennützig und undankbar manche sind, dann hat man manchmal wirklich Lust, Stock und Hut zu nehmen und sich nicht mehr um die Menschen zu kümmern. Aber zum Glück gibt es die Sonne, sie flüstert mir zu: »Erinnerst Du Dich an unsere Unterhaltung in dem Gasthaus?« – »Ach ja«, sag' ich und fahre mit meiner Arbeit fort. Und ihr, warum solltet nicht auch ihr die Sonne nachahmen?

Es stimmt, die Wissenschaft hat schon ihren Todestag berechnet, und nach Ansicht gewisser amerikanischer Forscher ist sie sogar schon erkrankt! In Wirklichkeit kennt die Sonne das Geheimnis der Lebensverlängerung. Sie wird so lange bleiben, wie sie es für nötig hält, so lange bis ihre ganze Familie die Vollkommenheit erreicht hat. Ja, die Sonne hat eine Familie, sie muss ihre Kinder großziehen und ernähren: Alle Planeten um sie herum sind ihre Nachkommen; und sie kann nicht sterben, bevor diese nicht die Vollkommenheit erreicht haben, d. h. selbst Sonnen geworden sind.

Anmerkungen

1. Siehe Band 215 der Reihe Izvor »Die wahre Lehre Christi«, Kapitel 3: »Seid vollkommen wie euer Vater im Himmel vollkommen ist...«.
2. Siehe Band 231 der Reihe Izvor »Die Saaten des Glücks«, Kapitel 17: »Liebt, ohne Gegenliebe zu erwarten!«.

IX

DIE WAHRE SONNENRELIGION

I

Die Sonne erleuchtet, wärmt und belebt. Der tiefe Sinn dieser Begriffe: Licht, Wärme, Leben ist noch nicht erschöpft, und ihr werdet jetzt gleich sehen, wie uns diese drei Elemente beim Verstehen einer der unklarsten Punkte der christlichen Religion helfen können: der Heiligen Dreifaltigkeit.

Die Heilige Dreifaltigkeit wird von den Theologen als Geheimnis dargestellt, das Geheimnis eines einzigen Gottes in drei Personen. Was können die Menschen mit einem solchen Mysterium anfangen? Nichts. Sie lassen es, wo es ist, und kümmern sich nicht darum. Nun denn, wir dagegen, wir begegnen ihr, begrüßen sie, haben Kontakt zu ihr und erfreuen uns täglich, sie schauen zu dürfen. Die Kirche wird sagen: »Welch' eine Gotteslästerung!« Mag sein. Aber wer der Menschheit eine derart abstrakte Gottheit hinstellt, darf sich nachher nicht wundern, wenn die Menschen sie nicht mehr fühlen, sie nicht mehr in sich tragen und sich den unsittlichsten und unvernünftigsten Handlungen hingeben.

In der herannahenden Religion, die die ganze Welt erobern wird, werden die geistigen Tatsachen derart greifbar nahe sein, dass der Mensch sie jeden Tag erleben und fühlen kann, mit ihnen verschmilzt, mit ihnen eins wird. Er wird laufend eine so wunderbar lichterfüllte Nahrung aufnehmen, dass er sich unweigerlich bessert. Denn erst, wenn er sich in allen Bereichen mit Elementen von hoher Qualität nährt, kann er sich von Grund auf ändern.

Die Dreifaltigkeit ist unter verschiedenen Bezeichnungen in allen Religionen der Welt vertreten. Im Ursprung steht immer ein Wesen, das ein zweites zeugt, aus welchem ein drittes hervorgeht. Im Christentum heißen sie: Vater, Sohn und Heiliger Geist.[1] Der Vater ist das Leben, welches das Universum durchflutet, der Urquell, aus dem alle Geschöpfe hervorgehen. Was den Sohn betrifft, so kann man sagen, er sei das Licht, denn Christus sagte selbst: »Ich bin das Licht der Welt«, aber er ist außerdem noch die Liebe, d. h. die Wärme. Auch der Heilige Geist ist bald die Liebe, bald das Licht, das den Verstand erleuchtet, das die Fähigkeit verleiht, Sprachen zu sprechen, zu weissagen und die Geheimnisse zu vertiefen. Im Grunde genommen ist es unbedeutend, welcher der beiden die Liebe oder die Weisheit ist; Sohn und Heiliger Geist sind eins, der eine geht in den anderen über, und sie haben beide dieselbe Macht.

Wesentlich ist es zu verstehen, dass die drei Prinzipien: Vater, Sohn und Heiliger Geist in dem Leben, dem Licht und der Wärme der Sonne veranschaulicht sind. Der Vater ist Leben, der Sohn Liebe oder Licht, der Heilige Geist Licht oder Liebe. Ihr fragt: »Haben wir das Recht, diese hochheiligen Wesenheiten im Licht, in der Wärme, im Leben der Sonne aufzufinden?« Selbstverständlich, und diese Entsprechung ist von ungeheurem praktischen Nutzen, weil sie uns erlaubt, die Heilige Dreifaltigkeit zu schauen, uns jeden Morgen mit ihr zu vereinigen und reichen Segen von ihr zu empfangen. Sie verspricht Auferstehung und Leben!

Warum weigern sich die Christen einzusehen, dass die bedeutendsten Geheimnisse sichtbar vor ihren Augen stehen? Jeder wird es begreifen, nur sie nicht; sie werden sagen: »Oh, die Sonne? Selbst wenn es keine Sonne gäbe, genügt es, der Messe beizuwohnen, um erlöst zu werden.« Sie haben nicht bedacht, dass ohne Sonne kein Mensch mehr am Leben wäre, um die Messe zu lesen, und auch sie selbst längst gestorben, erstarrt, erfroren wären. Nur Christen können derart begrenzt und blind sein! Ihr fragt: »Aber was haben Sie denn gegen die Christen?« Nichts, gar nichts, ich bin ja selbst Christ! Ich schüttle sie nur von Zeit zu Zeit durch, damit sie ihre Augen öffnen und gründlicher nachdenken.

Als die obere Welt die untere schuf, hat sie überall ihre Zeichen, Spuren und Abbilder hinterlassen, damit die Menschen sie wiederfinden können. Ein solches Abbild ist die Sonne. Durch sie will sich die Dreifaltigkeit, die nicht völlig verborgen und unerreichbar bleiben will, äußern und schenkt hiermit dem Menschen die Möglichkeit, sie zu finden. Wir müssen aber richtig verstehen: In Wirklichkeit befindet sich die Dreifaltigkeit weder im Licht noch in der Wärme noch im Leben der Sonne, sie steht weit darüber; aber dank dem Licht, der Wärme und dem Leben der Sonne wird sie uns erreichbar, können wir ihr begegnen, sie lieben, sie anrufen und sie in uns aufnehmen.

Da wir nach Gottes Ebenbild geschaffen sind, muss jeder von uns ebenfalls eine Dreifaltigkeit sein. Übrigens bilden wir bereits durch unseren Verstand, unser Herz und unseren Willen eine denkende, fühlende und handelnde Dreieinigkeit. Allerdings ist diese kleine Dreifaltigkeit etwas stumpf, starr und kaltherzig, aber an der Sonne wird sie aufleben, sich erwärmen und erhellen. Ein weiterer Vorzug des Sonnenaufgangs! Unsere kleine Dreifaltigkeit wird allmählich genau so strahlend, warmherzig und lebenspendend wie die Sonne und nähert sich der hochheiligen Dreifaltigkeit des Vaters, des Sohns und des Heiligen Geistes.

Christus lehrte: »Ihr sollt vollkommen sein, wie euer Vater im Himmel vollkommen ist.«[2] Aber wie sollen wir seine Vollkommenheit anstreben, wenn wir den Vater nie gesehen haben? Hier dient uns die Sonne als Vorbild! Gott weilt hoch oben, in weiter Ferne, aber in Seiner Barmherzigkeit gab Er den Menschen eine Möglichkeit, Ihn zu erfahren. Er hinterließ etwas, was dem Ariadnefaden gleicht. Wer diesen »Faden« aufgreift, gelangt durch die Sonne zum Vater...

Wir sehen jeden Tag ein göttliches Bild der Heiligen Dreieinigkeit. Wenn wir mit diesem leuchtenden Vorbild zu arbeiten wissen, kann unsere eigene kleine Dreifaltigkeit auch heilig werden. Jeder zitiert Christus: »Ihr sollt vollkommen sein, wie euer Vater im Himmel vollkommen ist!« Aber solange man nicht weiß, in welcher Weise Er sich kundtut, mit welcher Kraft, mit welchen Schwingungen und Strahlen, mit welcher Macht und welchen Farben, bleibt alles nur Theorie. Die Sonne zeigt uns, dass Vater, Sohn und Heiliger Geist eine untrennbare Einheit bilden. Viele Christen haben sie getrennt, aber in Wirklichkeit sind alle drei vereint, sie sind eins. Die Kabbala lehrt: Eins ist drei, und drei ist eins.

Auch im Menschen sind Verstand, Herz und Wille nie getrennt, sondern miteinander verschmolzen: Sie laufen und rennen alle drei zusammen. Der Verstand schmiedet Pläne, wobei das Herz ihm bekräftigend beisteht: »Nur weiter, ich halte zu dir.« Und der Wille beeilt sich, das Geplante zu verwirklichen. Seht nur, wie die drei laufen und laufen!... Manchmal ist es umgekehrt, der Wille reißt die beiden anderen mit, und der Mensch rennt mit dem Kopf gegen die Wand, weil der Verstand zu weit zurückblieb. Er mag noch so laut schreien: »Wartet auf mich, ihr begeht einen Irrtum!« Der Wille fährt ihn an: »Sei still, du hast keine Ahnung!« Ja, die drei führen großartige Unterhaltungen! Eine derartige Dreifaltigkeit ist allerdings noch nicht heilig!

Damit unsere Dreifaltigkeit heilig wird, müssen wir die Sonne zum Vorbild wählen und sie nachahmen, damit wir lichtvoll, warmherzig und lebendig werden wie sie. Natürlich bringt man das nicht fertig; aber dieses Streben weist in die Richtung der Einweihung. Anstatt in überholten, unnützen Vorstellungen stecken zu bleiben, ist es ratsamer, die Sonne zu betrachten, mit dem Vorsatz ihr gleich zu werden!

Ihr wisst ja bereits, dass infolge des Mimikry-Gesetzes sich jedes Geschöpf mit der Zeit seiner Umgebung anpasst. Wenn der Mensch oft und lange die Sonne anschaut, sie versteht und liebt und sich von ihren Strahlen durchfluten lässt, wird er allmählich wie sie. Versteht er es außerdem, ihre Strahlen zu verdichten, sie anzuhäufen, sie im Solarplexus zu speichern, dann verfügt er über einen Vorrat, aus dem er nach Bedarf schöpfen und somit unermüdlich werden kann. Dies umfasst eine ganze Wissenschaft und verlangt viel Übung, aber diejenigen, die dies ernst genommen haben, erhalten täglich reichen Segen.

Warum will man nicht einsehen, dass die Großzügigkeit, die Unermesslichkeit und die Ewigkeit Gottes durch die Sonne am besten offenbart wird. Fortan sollten alle die Heilige Dreifaltigkeit in der Sonne suchen. Jeder Pädagoge weiß, dass man den Kindern zuerst die konkrete, fassbare und sichtbare Seite der Dinge zeigen muss, um sie später in abstrakte Gebiete zu führen. Die Religion hätte die gleiche Methode anwenden sollen. Anstatt die Göttlichkeit, die Heilige Dreifaltigkeit als abstrakten, für alle unverständlichen Begriff darzustellen, hätte man beim Konkreten beginnen sollen, d. h. bei der Sonne. Zuerst soll sich jeder an der Sonne erwärmen, sich von ihr erleuchten und beleben lassen, dem Herrn danken und dann, wenn er die nötigen geistigen Fähigkeiten besitzt, kann er dahinter den kosmischen Geist, das Absolute suchen.

Ihr wendet ein: »Kann man Gott nicht in der Kirche, in der Hostie finden?« Doch, gewiss könnt ihr den Herrn in der Kirche finden, aber welcher Tempel kann sich mit der Natur messen, und welche Hostie lässt sich mit der Sonne vergleichen? Ihr könnt ganze Waggons Hostien schlucken und trotzdem genauso boshaft, neidisch, sinnlich, dumm und kränklich bleiben wie zuvor. Wenn ihr dagegen täglich das Abendmahl mit dieser unermesslichen Oblate, der Sonne, einnehmt, dann müsst ihr euch unweigerlich bessern. Denn nirgends äußert der Herr seine Macht, sein Licht, seine Wärme so sehr wie in der Sonne.

Wer kann übrigens bestreiten, dass die Oblaten mit Stoffen hergestellt werden, die uns die Sonne gibt? Jedoch denkt keiner daran, ihr zu danken. Man nimmt alles, was sie wachsen lässt, Korn und Trauben, aber man vergisst, ihr einen Dank dafür zu senden. Man merkt nicht einmal, dass ohne Sonne keine einzige Oblate, kein Tropfen Wein produziert werden könnte. Warum hat man die Menschen so irregeführt? Warum wollte man die Wichtigkeit der Sonne verschweigen, und warum ließ man den Glauben, dass Hostien und Wein zu Gott führen können, bestehen? Dies ist zwar möglich, aber nur unter der Bedingung, dass wenigstens der Sinn dieser beiden Symbole klar ist.

Ihr kennt den Ursprung des Abendmahls: Es war die letzte Mahlzeit, die Jesus mit seinen Jüngern hielt, er nahm Wein und Brot und sagte: »Nehmet, esset; das ist mein Leib. Trinket alle daraus; das ist mein Blut... der, der meinen Leib isst und mein Blut trinkt, hat das ewige Leben.«[3] In Wirklichkeit sind Brot und Wein zwei höchst bedeutungsvolle Symbole, die schon vor Jesus bekannt waren.

Wer die Bibel liest, muss feststellen, dass Melchisedek der Begründer des Abendmahls war, indem er Abraham Brot und Wein brachte.[4] Melchisedek war der König der Gerechtigkeit (auf

Hebräisch bedeutet »melek« König und »tsedek« Gerechtigkeit). Er wohnte im Reich Salem (Salem hat die gleiche Wurzel wie Shalom: Friede), deshalb wird er König der Gerechtigkeit und des Friedens genannt. Er brachte Abraham Brot und Wein als Belohnung für seinen Sieg über die sieben gefallenen Könige von Edom, welche die sieben Hauptsünden darstellten. Denn ihr dürft nicht glauben, dass der höchste aller Eingeweihten, Melchisedek, Abraham aufsuchte, nur um ihn für seine siegreiche Schlacht über einige Hunderte oder Tausende von Feinden zu belohnen. Abraham lebte in Ur in Chaldäa (Ur heißt Licht). Er praktizierte Magie, beschwor die Geister und ist auf Empfehlung der Geister, die ihm dienten, nach Ägypten gegangen, um seine Einweihung zu vollenden.

Folglich brachte Melchisedek Abraham Brot und Wein, und man könnte annehmen, dass dies keine großartige Belohnung ist, es sei denn, man kenne deren tiefen, symbolischen Wert. In der Tat versinnbildlichen Brot und Wein die gesamte Einweihungswissenschaft, die auf den beiden kosmischen Prinzipien beruht: das männliche Prinzip (das Brot) und das weibliche Prinzip (der Wein), die in allen Bereichen des Universums gemeinsam wirken.

Das Brot und der Wein sind zwei Sonnensymbole. Folglich handelt es sich weder um das stoffliche Brot noch um den stofflichen Wein, sondern um die beiden Eigenschaften der Sonne: Wärme und Licht, die das Leben erschaffen. Ihre Wärme ist die Liebe, und ihr Licht ist die Weisheit. Jesus wollte also sagen: »Wer mein Fleisch (die Weisheit) isst und mein Blut (die Liebe) trinkt, der hat das ewige Leben« (Jh 6,54).

Seit zweitausend Jahren schlucken die Christen haufenweise Oblaten und trinken fässerweise Wein, ohne je das ewige Leben gewonnen zu haben, und leider auch ohne die geringste Besserung in sich erzielt zu haben. Denn der einzige Weg zum ewigen Leben ist, das Licht und die Wärme von Christus, dem Sonnengeist, in sich aufzunehmen.

Anmerkungen

1. Siehe Band 236 der Reihe Izvor »Weisheit aus der Kabbala«, Kapitel 10: »Die kosmische Familie und das Mysterium der Heiligen Dreifaltigkeit«.
2. Siehe Band 215 der Reihe Izvor »Die wahre Lehre Christi«, Kapitel 3: »Seid vollkommen wie euer Vater im Himmel vollkommen ist...«.
3. Siehe Band 215 der Reihe Izvor »Die wahre Lehre Christi«, Kapitel 6: »Wer mein Fleisch isst und mein Blut trinkt, hat das ewige Leben«.
4. Siehe Band 240 der Reihe Izvor »Söhne und Töchter Gottes«, Kapitel 6: »Jesus, Hohepriester nach der Ordnung Melchisedeks«.

II

Als Jesus sagte: »Niemand kommt zum Vater, denn durch mich« (Jh 14,6), sprach Christus durch seinen Mund. Er meinte damit: Niemand kommt zum Vater, außer durch mich, denn ich bin der Geist Christi, der sich in der Sonne offenbart. Ihr wendet ein, das sei eine willkürliche Auslegung. Nein, ich kann euch die einzelnen Stellen zeigen, wo diese Wahrheiten aufgezeichnet sind; sie werden unzusammenhängend und verstreut erwähnt, aber die Aufgabe des Eingeweihten ist es, sie zu verbinden und für jede dieser Wahrheiten einen Platz im großen Buch der lebendigen Natur aufzufinden.

Ich sagte euch bereits, dass für uns auf Erden die Sonne mit dem Leben, das sie uns schenkt, dem Licht und der Wärme, die sie uns spendet, das anschaulichste Bild der Heiligen Dreifaltigkeit darstellt. Das aus der Sonne quellende Leben ist der Vater. Licht und Wärme mögen beiden entweder als der Sohn oder der Heilige Geist gelten; indessen ist aus der Sicht der Einweihung der Heilige Geist doch eher die Wärme, die Liebe, und der Sohn, Christus, das Licht, die Weisheit.

Dieses Licht, das aus der Sonne flutet und so viele Veränderungen im Weltall verursacht, so zahllose Wohltaten an alle Lebewesen verströmt, dieses Licht, das seinem Wesen nach noch unerkannt ist, ist Christus, der Christusgeist. Das Licht der Sonne ist lebendiger Geist. Durch das Sonnenlicht ist Christus unablässig wirkend und lebendig gegenwärtig. Wie wollte man denn sonst seine Worte verstehen: »Ich bin das Licht der Welt!« Oder: »Mein Vater und ich sind eins?«... Sie weilen vereint in der Sonne, denn in ihr sind Licht und Leben eins. Außerdem sagt er: »Ich bin die Auferstehung und das Leben...«[1] Wer ist es, der die Geschöpfe belebt? Wer schenkt ihnen neues Leben? Es ist Christus, der Geist Christi, der in der Sonne wohnt!

Die Christen wollen Christus irgendwohin versetzen, zum Beispiel nach Palästina, weil Jesus dort gelebt hat. Wenn er aber tatsächlich die Auferstehung und das Leben ist, lebt er nicht dort, sondern in der Sonne. Freilich ist er überall in der ganzen Schöpfung zugegen, aber vor allen Dingen in der Sonne. Wenn ihr also beim Sonnenaufgang bedenkt, dass es Christus ist, der dort vor euch erscheint, und wenn ihr euch in liebender Hingabe mit ihm vereint, erbebt euer ganzes Wesen und ihr schwingt mit dem kosmischen Licht, das verdichtet aus der Sonne flutet, im Einklang.

Christus ist natürlich eine weit umfassendere Wesenheit als die Sonne. Christus ist der Sohn Gottes, die zweite Person der Dreifaltigkeit. Er offenbart sich nicht nur in unserer Sonne. In dem unermesslichen Weltenraum strahlen ja noch unzählige andere, weit größere und leuchtendere Sonnen als die unsere... Wenn ich von Christus spreche, meine ich nicht Jesus, sondern das kosmische Prinzip, das weder Anfang noch Ende hat. Jesus ist ein Mensch, der vor zweitausend Jahren in Palästina lebte und so rein, edel und vergeistigt war, dass er in seinem dreißigsten Lebensjahr den Heiligen Geist und damit den Christusgeist empfing – deswegen wurde er Jesus-Christus genannt. Aber Christus kann im Herzen, in der Seele eines jeden Menschen geboren werden. Er ist es, der sich durch Orpheus, Moses, Zarathustra, Buddha und andere hohe Eingeweihte der verschiedenen Ländern und Epochen offenbarte.

Es hat nur ein Jesus gelebt, indessen gibt es und kann es Tausende von Christus erleuchtete Menschen geben. Jesus ist einmalig und steht der christlichen Religion vor, wie Buddha der buddhistischen oder Mohammed der mohammedanischen. Christus jedoch ist das Oberhaupt der gesamten Menschheit und des Universums: Er ist nicht das Haupt einer einzelnen Religion, sondern aller Religionen zusammen, die er inspiriert hat. Deshalb sollen die Menschen mit dem Rassenhass und dem Sektenwesen Schluss machen. Selbst das

Christentum ist noch eine Sekte! Im alten Testament war Gott nur der Gott der Israeliten, nur sie durften leben und hatten das Recht, die anderen Völker zu beherrschen und zu vernichten. Später nahmen sich die Christen mit dem neuen Testament das gleiche Recht, indem sie sich für auserwählt, von dem Herrn geliebt und bevorzugt fühlten und alle anderen für Ungläubige hielten. Das ist ihr größter Irrtum. Genau wie die Sonne alle bescheint, so ist auch der Herr für alle seine Kinder da, denn sonst müsste man daraus schließen, dass die Sonne mit ihrer Liebe und Großzügigkeit den Herrn übertrifft.

Wie kann man es den Menschen verständlich machen, dass es lächerlich ist, Gott auf seine Seite ziehen zu wollen. Schaut euch den Fall zweier Länder an, die sich gegenseitig den Krieg erklären: Beide lassen in großer Feierlichkeit die Waffen und Soldaten von Priestern segnen, und beide flehen den Herrn um den Sieg über ihren Feind an; mit Kantaten, Gebeten, Weihrauch versuchen sie der Gottheit zu schmeicheln. Welch eine bedauernswerte moralische Einstellung! Man darf den Herrn nie bestechen. Die gewöhnliche, menschliche Einstellung findet es allerdings normal, dass jeder seine eigenen Interessen schützt. Ja, aber wer sich bis zum Herrn erhebt, der muss feststellen, dass Er genauso unparteiisch wie die Sonne ist und den Menschen sogar die Freiheit gibt, sich gegenseitig umzubringen, da ihnen ja so viel daran gelegen ist.

Ein wesentlicher Punkt der Sonnenphilosophie ist, dass uns die Sonne zur Universalität führt. Es muss aufhören, dass eine einzelne Rasse, ein Volk, eine Religion oder eine Ideologie die Welt beherrschen will. Alle müssen jetzt gemeinsam der universalen Religion, die die Religion der Liebe und der Brüderlichkeit ist, entgegenschreiten.

Glaubt mir, der Herr denkt genau wie die Sonne, Ihm sind Rassen, Religionen und Weltanschauungen völlig egal. Er pfeift darauf, ob einer gelb, schwarz, rot, Jude, Katholik, Protestant oder sogar Atheist ist, alle sind seine Kinder und Er nimmt nur ihre Qualitäten und Tugenden in Betracht: ihre Liebe, Weisheit, Ehrlichkeit und Großzügigkeit.

Wahrt das strahlende Bild der Sonne stets als den vorzüglichsten Vertreter Gottes. Warum finden Leute, die in Kirchen und Tempeln vor Ikonen oder Heiligen-Statuen niederknien und beten die Kontemplation der Sonne anormal? Warum bilden sie sich ein, in Werken, die von nicht immer reinen oder aufrichtigen Menschen gefertigt wurden, mehr Lichtsegen und Trost zu finden, als von der Sonne, die von Gottes Hand strahlend und lebendig geschaffen ist? Geht in Kirchen oder Tempel, wenn ihr wollt, auch ich gehe ab und zu dort hin, aber eines müsst ihr wissen: Das wahre göttliche Leben erlernt man bei der Sonne.

Anmerkung

1. Siehe Band 308 der Reihe Broschüren »Das Osterfest. Die Auferstehung und das Leben«.

Vom selben Autor:
Reihe Gesamtwerke

Band 1 – Das geistige Erwachen
Geboren aus Wasser und Geist – „Bittet, so wird euch gegeben. Suchet, so werdet ihr finden. Klopfet an, so wird euch aufgetan." – In den Augen offenbart sich die Wahrheit – Die Ohren bergen die Weisheit – Von der Liebe kündet der Mund – Liebe, Weisheit, Wahrheit – Bei Meister Deunov in Bulgarien Erlebtes – Die lebendige Kette der Universellen Weißen Bruderschaft.

Band 2 – Die spirituelle Alchimie
Sanftmut und Demut – Wenn ihr nicht sterbt, werdet ihr nicht leben – Lebendiger und bewusster Austausch – Der ungetreue Verwalter – »Sammelt euch Schätze...« – Das Wunder von den zwei Fischen und den fünf Broten – Die Füße und der Solarplexus – Das Gleichnis vom Weizen und vom Unkraut – Die spirituelle Alchimie – Die geistige Galvanoplastik – Die Rolle der Mutter während der Schwangerschaft.

Band 3 – Die beiden Bäume im Paradies
Das theozentrische, das biozentrische und das egozentrische System – Die beiden ersten Gebote – Was das menschliche Gesicht offenbart – Die magische Kraft der Gesten und des Blickes – »Schreitet voran, während ihr das Licht habt!« – Der Rat des Weisen – Das Gleichnis von den fünf klugen und den fünf törichten Jungfrauen – Das Öl der Lampe – Die beiden Bäume des Paradieses – Die Achsen Widder-Waage und Stier-Skorpion – Die Schlange in der Genesis – Die Heimkehr des verlorenen Sohnes

Band 4 – Das Senfkorn
Symbole im Neuen Testament – »Das ist aber das ewige Leben, dass sie Dich, den einzig wahren Gott, erkennen...« – Der weiße Stein – »Und wer auf dem Dach ist...« – »Wer mir nachfolgen will, nehme sein Kreuz auf sich« – Der Geist der Wahrheit – Die drei großen Versuchungen – Das Kind und der Greis – »Ach, dass du kalt oder warm wärest!« – »Das ist ein köstlich Ding, dem Herrn danken...« – Das Senfkorn – Der Baum über dem Fluss – »Wachset und mehret euch...«.

Band 5 – Die Kräfte des Lebens

Das Leben – Charakter und Temperament – Gut und Böse – Der Kampf mit dem Drachen – Anwesenheit und Abwesenheit – Gedanken sind lebendige Wesenheiten – Die unerwünschten Wesen – Die Kraft des Geistes – Das Opfer – Das hohe Ideal – Frieden.

Band 6 – Die Harmonie

Die Harmonie – Die Medizin muss auf einer esoterischen Philosophie gegründet sein – Die Zukunft der Medizin – Der Schüler muss die Sinne für die geistige Welt entwickeln – Was uns das Haus lehrt – Wie die Gedanken sich in der Materie verwirklichen – Die Meditation – Menschlicher Intellekt und kosmische Intelligenz – Sonnengeflecht und Gehirn – Das Harazentrum – Das geistige Herz – Die Aura.

Band 7 – Die Reinheit, Grundlage geistiger Kraft

Jesod spiegelt die Tugenden aller anderen Sephiroth wider – Wie die Reinheit zu verstehen ist – Die Ernährung, Ausgangspunkt einer Studie über die Reinheit – Die Auswahl – Die Reinheit und das geistige Leben – Die Reinheit in den drei Welten – Der Lebensstrom – Friede und Reinheit – Von der magischen Kraft des Vertrauens – Die Reinheit der Worte – Man muss sich erheben, um die Reinheit zu finden – »Selig, die reinen Herzens sind« – Die Tore des himmlischen Jerusalem – Liebe und Sexualität – [...]

Band 8 – Sprache der Symbole, Sprache der Natur

Die Seele / Der Mensch und seine verschiedenen Seelen / Der Kreis (das Zentrum und die Peripherie) / Zeit und Ewigkeit / Die zwölf Aufgaben des Herkules / Der Große Frühling / Der erste Tag des Frühlings / Die wahre Ehe / Warum der Mensch beim Sündenfall die Tiere mit sich gezogen hat / Wie die beiden Prinzipien im Mund enthalten sind / Der Heilige Geist / Die Sprache der Symbole.

Band 9 – Im Anfang war das Wort

»Im Anfang war das Wort« – »Man füllt keinen neuen Wein in alte Schläuche« – »Vaterunser« – »Suchet zunächst nach dem Reich Gottes und Seiner Gerechtigkeit« – »Die Ersten werden die Letzten sein« – Weihnachten – Der Sturm, der sich gelegt hat – »Die höchste Zuflucht« – »Vater, vergib ihnen, denn sie wissen nicht, was sie tun« – Die Sünde wider den Heiligen Geist ist die Sünde wider die Liebe – Die Auferstehung und das Jüngste Gericht – »Im Haus meines Vaters gibt es viele Wohnungen« – [...]

Band 10 – Sonnen Yoga
Pracht und Herrlichkeit von Tiphereth

Die Sonne, Mittelpunkt des Universums – Wie man die ätherischen Lichtteilchen aus der Sonne aufnehmen kann – Unsere Seele nimmt beim Betrachten der Sonne deren Gestalt an – Unser höheres Ich wohnt in der Sonne – Die Sonne bringt die Samen zum Wachsen, die der Schöpfer in uns gelegt hat – Wie man die Heilige Dreifaltigkeit in der Sonne wiederfindet – Alle Geschöpfe haben ihr Zuhause – Der Rosenkranz der sieben Perlen – Der Meister im Rosenkranz der sieben Perlen – Jedes Geschöpf soll seine Wohnstätte schützen – Die Aura – Der heliozentrische Standpunkt – Liebt wie die Sonne! – Ein Meister soll wie die Sonne im Mittelpunkt bleiben – Steigt über die Wolken! – Die Sephira Tiphereth [...]

Band 11 – Der Schlüssel zur Lösung der Lebensprobleme

Die Personalität ist der niedere Ausdruck der Individualität – Der Mensch soll zu seiner Individualität zurückfinden – Sinn und Ziel von Jnani-Yoga – Vom Nehmen und Geben (Sonne, Mond und Erde) – Personalität und Individualität: Die Begrenzung der unteren Welt – Die unendliche Weite der höheren Welt – Die Individualität bringt das wahre Glück – In der Personalität absterben, um in der Individualität aufzuleben – Der eigentliche Sinn der Gärung aus esoterischer Sicht – Die Individualität wünscht Gottes Willen zu tun – Das Gleichnis vom Baum – Zwei Arbeitsmethoden zur Bewältigung der Personalität – Wie sich der Mensch von seiner Personalität ausbeuten lässt – Aus der Sicht der Individualität – Über den Sinn des Opfers in den Religionen [...]

Band 12 – Die Gesetze der kosmischen Moral

Ihr werdet ernten, was ihr gesät habt – Die Wahl ist wichtig: Sucht die Arbeit und nicht das Vergnügen – Schöpferische Tätigkeit als Mittel zur inneren Entwicklung – Die Gerechtigkeit – Das Gesetz der Affinität und der Frieden – Das Gesetz der Affinität und die wahre Religion – Naturgesetze und moralische Gesetze – Die Reinkarnation – Macht nicht auf halbem Wege halt – Über den rechten Gebrauch der eigenen Energien – Wie man die Quintessenz erlangt – Die Moral der Quelle – Warum wir unsere Vorbilder in den höheren Regionen suchen sollen – Durch seine Gedanken und Gefühle wirkt der Mensch schöpferisch auf die unsichtbare Welt ein – Lasst die Verbindung nicht abbrechen – »Bist du Licht, dann gehst du zum Licht« – Das ätherische Doppel [...]

Band 13 – Die neue Erde

Gebete – Am Morgen – Für den Tag – Am Abend – Die Ernährung – Das Verhalten – Laster und Schwächen – Negative Gemütsverfassung – Schwierige Lebenslagen – Anleitungen zur Reinigung und Läuterung – Mitmenschliche Beziehungen – Beziehungen zur Natur – Die Sonne – Die Sterne – Das Wirken mit der Denkkraft – Die geistige Galvanoplastik – Der Solarplexus – Das Hara-Zentrum – Das Wirken mit dem Licht – Die Aura – Der Lichtleib – Einige Sprüche und Gebete – Spirituelle Gymnastikübungen.

Band 14/15 – Liebe und Sexualität

Band 14: Die beiden Prinzipien männlich und weiblich – Den Stier bei den Hörnern packen – Die Kraft des Drachens – Geist und Materie, die Sexualorgane – Die Eifersucht – Die zwölf Tore von Mann und Frau – Die Vergeistigung der Sexualkraft – Lernt richtig zu essen, um lieben zu lernen – Die Rolle der Frau in der neuen Kultur – Die Bedeutung der Nacktheit in der Einweihung – Liebe ist im ganzen Weltall enthalten – Wie kann man den Begriff der Ehe erweitern? – Die Schwesterseele – Die Frage der Bindungen.
Band 15: Die wahre Ehe: Geist und Materie – Die Sonne, Quelle der Liebe – Die Vestalinnen oder die neue Eva – Gebt der Liebe ihre Reinheit zurück – Die Liebe verwandelt die Materie – Die Aufgabe eines Schülers – Tantra-Yoga – Nutzt die Kräfte der Liebe in rechter Weise – Das Glück liegt in der Erweiterung des Bewusstseins – "Was ihr auf Erden binden werdet..." – Die wahren Waffen: Liebe und Licht – Auf dem Weg zur großen Familie.

Band 16 – Alchimie und Magie der Enährung - Hrani-Yoga

Die Bedeutung des Kauens und der Atmung – In Stille essen – Nicht bis zur Sättigung essen – Das Segnen der Nahrung – Bedeutung und spirituelle Dimension der Ernährung – Meditation vor der Mahlzeit – Das Töten der Tiere und das Gesetz der Gerechtigkeit – Die Nahrung, ein Liebesbrief des Schöpfers – In Stille essen, um die Stimme der Nahrung zu vernehmen – Die Mahlzeit, magische und heilige Zeremonie – Ob gut oder böse, was ihr euch selbst zufügt, fügt ihr auch der ganzen Menschheit zu – Die Nahrung und die Engel der 4 Elemente –Sich durch die Haut ernähren – Weiße und schwarze Magie – Das Mysterium des heiligen Abendmahls – Die wahre Kommunion – Indem man bewusst isst erlangt man Macht über die Materie.

17/18 – Erkenne Dich selbst – Jnani-Yoga

Band 17: Die synoptische Tafel – Der Geist und die Materie – Die Seele – Das Opfer – Die Nahrung der Seele und des Geistes – Das Bewusstsein – Das Höhere Selbst – Die Wahrheit – Die Freiheit.
Band 18: Die Schönheit – Die spirituelle Arbeit – Die Macht des Denkens – Die Erkenntnis: das Herz und der Intellekt – Die Kausalebene – Konzentration, Meditation, Kontemplation, Identifikation – Das Gebet – Die Liebe – Der Wille – Die Kunst, die Musik – Die Geste – Die Atmung.

23/24 – Die neue Religion – Eine universelle Sonnenreligion

Band 23: Der Strom des Lebens – Der Mensch und seine zwei Naturen – Ihr seid Götter – Die heliozentrische Revolution: Die Bruderschaft – Der Meister – Die Sonne, Abbild der heiligen Dreifaltigkeit – Ein neuer Typ Mensch: Die symbolische Bedeutung des Prismas – Die Nahrung: Das Wort – Wie man an seiner eigenen Materie arbeiten kann – Der Körper der Auferstehung – Die Gesetze des Schicksals.
Band 24: Die Lehre der Kraft – Der Sinn des Reichtums und des Besitzes in der Einweihungswissenschaft – Die Liebe ist Eins – Die wahre Ehe – Wie man die Auffassung der Ehe erweitert – Die Rolle der Frau in der neuen Kultur – Die wahren Grundlagen der Religion – Die geistige Schöpfung – Die Suche nach dem Stein der Weisen – An die Jugend und die Familien – Das Reich Gottes auf Erden.

Band 25/26 – Der Wassermann und das Goldene Zeitalter

Band 25: Das Wassermann-Zeitalter – Der Geist der Brüderlichkeit ist im Kommen – Jugend und Revolution – Kommunismus und Kapitalismus – Die wahre Ökonomie – Gold und Licht – Aristokratie und Demokratie – Die Politik im Licht der Einweihungswissenschaft
Band 26: Die Prinzipien und die Formen – Die wahre Religion Christi – Die Idee der Pan-Erde – Der kosmische Körper – Das Reich Gottes und seine Gerechtigkeit – Das neue Jerusalem.

Band 27 – Die Pädagogik in der Einweihungslehre

Zuerst sollten die Eltern unterwiesen werden – Die Rolle des Unterbewusstseins bei der Kindererziehung – Erziehung und Bildung – Die Macht des Vorbildes – Die Jugend auf die Zukunft vorbereiten – Das Erlernen der Gesetze – Das Kind und der Erwachsene – Die Rolle eines Meisters – Die Nachahmung als Faktor der Erziehung – Die Einstellung gegenüber einem Meister [...]

Band 28/29 – Die Pädagogik in der Einweihungslehre
Band 28: Weshalb man ein spirituelles Leben wählen sollte / Der Sinn des Lebens, die Entwicklung / Die gestaltende Vorstellungskraft / Lesen und Schreiben / Der Selbstmord / Eine neue Einstellung dem Bösen gegenüber / Die Raupe und der Schmetterling / Die Liebe, ein Bewusstseinszustand / Die Geburt auf den verschiedenen Ebenen / Die Sonne als Vorbild / Mann und Frau in der neuen Kultur
Band 29: Die Gesetze der spirituellen Arbeit / Unsere Verantwortung / Das neue Leben erbauen / Das lebendige Wissen – Lasst die Quelle sprudeln – Die spirituelle Atmosphäre – Die Medizin der Zukunft – Lebt in der Poesie! / Seid vollkommen wie euer Vater im Himmel vollkommen ist / Die Wirklichkeit der unsichtbaren Welt / Nehmt teil an der Arbeit der Universellen Weißen Bruderschaft.

Band 30/31 – Leben und Arbeit in einer Einweihungsschule
Band 30: Zum »Tag der Sonne« / Le Bonfin / Die Arbeit in der göttlichen Schule / Hrani Yoga und Surya-Yoga / Der Geist dieser Lehre / Materie und Licht / Die Reinheit, Voraussetzung für das Licht / Der Sinn der Einweihung
Band 31: Das neue Leben / Materialisten und spirituelle Menschen / Der wahre Sinn des Wortes Arbeit / Wie man mit Schwierigkeiten umgeht / Die Beschäftigung des Schülers mit seiner niederen Natur / Eitelkeit und Hochmut / Meister und Schüler / Wie man über die Vorstellung von Gerechtigkeit hinauswächst / Hierarchie und Freiheit / Die Allmacht des Lichtes

Band 32 – Die Früchte des Lebensbaums
Wie man das Studium der Kabbala in Angriff nehmen sollte – Die Zahl 10 und die 10 Sephiroth – Der Lebensbaum – Die Erschaffung der Welt – Der Sündenfall und der Wiederaufstieg des Menschen – Die vier Elemente – Die Macht des Feuers – Wasser und Feuer – Das lebendige Wort – Die esoterische Kirche des Johannes – Binah, das Reich der Beständigkeit – Der menschliche Geist ist der Vorbestimmung überlegen – [...]

Vom selben Autor

Taschenbuch-Reihe Izvor

200 Hommage an Meister Peter Deunov
201 Auf dem Weg zur Sonnenkultur
202 Der Mensch erobert sein Schicksal
203 Die Erziehung beginnt vor der Geburt
204 Yoga der Ernährung
205 Die Sexualkraft
206 Eine universelle Philosophie
207 Was ist ein geistiger Meister?
208 Das Egregore der Taube – Innerer Friede und Weltfrieden
209 Weihnachten und Ostern in der Einweihungslehre
210 Die Antwort auf das Böse
211 Die Freiheit, Sieg des Geistes
212 Das Licht, lebendiger Geist
213 Die menschliche und göttliche Natur in uns
214 Liebe, Zeugung und Schwangerschaft
215 Die wahre Lehre Christi
216 Geheimnisse aus dem Buch der Natur
217 Ein neues Licht auf das Evangelium
218 Die geometrischen Figuren und ihre Sprache
219 Geheimnis Mensch. Seine feinst. Körper und Zentren
220 Der Tierkreis, Schlüssel zu Mensch und Kosmos
221 Alchimistische Arbeit und Vollkommenheit
222 Die Psyche des Menschen

223 Geistiges und künstlerisches Schaffen
224 Die Kraft der Gedanken
225 Harmonie und Gesundheit
226 Das Buch der göttlichen Magie
227 Goldene Regeln für den Alltag
228 Einblick in die unsichtbare Welt
229 Der Weg der Stille
230 Die Himmlische Stadt
231 Saaten des Glücks
232 Feuer und Wasser - Wunderkräfte der Schöpfung
233 Eine Zukunft für die Jugend
234 Die Wahrheit, Frucht der Weisheit und der Liebe
235 Im Geist und in der Wahrheit - Wie finde ich zu Gott
236 Weisheit aus der Kabbala
237 Das kosmische Gleichgewicht - Die Zahl 2
238 Der Glaube versetzt Berge
239 Die Liebe ist größer als der Glaube
240 Söhne und Töchter Gottes
241 Der Stein der Weisen
242 Unerschöpfliche Quellen der Freude
243 Das Lächeln des Weisen
244 Dem Licht entgegen

Verlage und Auslieferungen

Frankreich
Éditions Prosveta S.A. (Hauptverlag)
B.P. 12 – F-83601 Fréjus Cedex
Tel. 04 94 19 33 33, Fax 04 94 19 33 34
E-Mail: international@prosveta.com
Internet: www.prosveta.fr

Deutschland
Prosveta Verlag GmbH
Postfach 16 52, 78616 Rottweil
Tel. 0741-46551, Fax 0741-46552
E-Mail: info@prosveta.de
Internet: www.prosveta.de

Österreich
Harmoniequell Versand
Hof 37/4, 5302 Henndorf
Tel. und Fax 06214 7413
E-Mail: info@prosveta.at
Internet: www.prosveta.at

Schweiz
Éditions Prosveta
1808 Les Monts-de-Corsier 13
Tel. 021 921 92 18, Fax 021 922 92 04
E-Mail: editions@prosveta.ch
Internet: www.prosveta.ch

Auslieferungsadressen für weitere Länder finden Sie unter
www.prosveta.com